怖いけれど
大事な
話！

あなたにも
霊は
憑いている

伝説となった京都の霊能者
皆本幹雄

SEIKO SHOBO

本書は二〇〇二年小社刊『霊は生きている』の改題再刊です。長らく品切れになっておりましたが、読者のご要望も数多くいただき、装いを改めて復刊いたします。皆本霊学の神髄をご堪能ください。

あなたにも霊は憑いている

はじめに

ひさしぶりに著書を世に出させていただくことにした。

過去にも数冊を上梓したが、そのたびに多くの方がたから心霊相談が殺到した。私のような者にでも相談しようという方がいるのに、お断りするなど不遜きわまりないと思い、一人ひとりに接していたものの、結果として私の霊感が荒れ、使いものにならなくなっては身もふたもない。

そこで一般への啓蒙的な出版活動はしばし休止していたのだが、どうにも筆をとらざるを得ない世の中になってきた。それは、最近起こる出来事をながめていると、霊幽界の背後霊や憑依《ひょうい》霊の仕業としか思えない凄惨な事件があとを絶たないからだ。

教室の小学生を無差別に殺したり、わが子を虐待し、果ては死にいたらしめるなど、まるで目を覆いたくなる。新聞・テレビをにぎわせる凶悪事件ばかりではない。年端もいかない女の子を社会的地位のある紳士が買春する、水子の祟《たた》りも知らず、若い男女がいたずらに性に溺れる。また、心身症やアレルギーなど、治療が困難な病気も急増している。

これらはみな、霊たち、とりわけ低級霊、動物霊が立ち働き、現界人である私たちをあやつっているがゆえの現象なのだ。

科学万能の現代にあって、実在するとしか説明しようのないのが霊幽界である。あなたも既成の概念にとらわれず、心の目、心の耳によって本書に接していただきたい。そうか、これだったのかと思い当たるような驚くべき事実に、きっと出会えるであろう。

目次◎あなたにも霊は憑いている

第二章◉憑依霊があなたの日常を狂わせている

第五章◉私の家族も祟られた家憑き霊と屋敷霊

第六章◉仕事・恋愛・結婚と霊力の不思議

第七章◉渦巻く怨霊に破滅させられた人びと

第八章◉あなただって、霊魂の世界の操り人形

装幀◉フロッグキングスタジオ
カバー画◉河鍋暁斎『暁斎漫画』より（部分。河鍋暁斎記念美術館蔵）

序章◎霊幽界と心霊学用語の基礎知識

霊視・霊聴・霊感、私が「霊幽界」を説明しよう

私が初めて、「霊」とか「幽」とかを問題にしはじめたのはいつごろからだろうか。厳密にいえば、四歳の時のようだ。土砂降りの雨の晩に、母の背中におわれて外出先からの帰宅途中、「ちょうちんが、むこうから飛んでくるよ」と言ったそうだ。しかし、母の目には映らない。とっさに、火の玉と直感して、肌が粟《あわ》だつ思いだったと、口ぐせのように言っていた。

しかし、本当に気になりだしたのは、ある日、近所でも評判の尻軽娘の背後に、はっきりと、白髪を逆《さか》だてて抱きついている老婆を見てからである。

さて、そういうことから私は、この霊幽界の存在に関心を抱き、自分なりの研究を始めたのであるが、〝職業〟として、この霊幽界にかかわりはじめたのは、もっとずっと後、私が四十五歳の時である。

たまたま、私が霊聴・霊視に接し、神がかり的に知人や友だち、あるいは親類にそれをくちばしるようになってしまい、それがまた、ピタリピタリとあたるので不思議がられ、自分でもしだいに自信のようなものが生まれ、ついに霊幽の世界と現実の世界との〝仲立ち〟を専門とするようになってしまった。現在は、霊視・霊聴・霊感をお受けする身なの

である。

こうして私は〝職業的〟に霊幽界にかかわりだしたわけだが、その後、大変に困ったことがある。いろいろあるが、そのうち最も困ったことを書いておこう。すなわち、その最も困ったことのために、この本を書こうと決意したわけでもあるし、あらかじめそのことをはっきりと書くことが、このあと、この本を読んでいただく方のために、ひとつのヒントをあたえることになると思うからである。

で、その最も困ったことだが、それはこの霊幽界についての「ことば」が、今、日本では凄く乱れていることである。言い換えれば、霊幽界の存在と、その現界《げんかい》(私たちが生きているこの世、すなわち目に見え、手でさわれるこの世界)との関係について語る人の「ことば」が、けっして一様ではないということである。

霊幽界や霊の存在を認めない人、したがってそれと私たちとのかかわりも認めない人、当然そのような職業や組織・施設も——たとえそれが慣例的に実在していようと——認めない人たちも、もちろんその「認めない理由」「認めないということの根拠の示し方」は、それぞれに千差万別で違うけれど、それよりもそのことを「認める」という方のその「認め方」のほう、言い換えると「認めるという、その根拠の示し方」のほうが、もっと千差万別だということである。よくいうと百花斉放《ひやっかさいほう》だが、悪くいうと百鬼夜行《ひやっきやこう》して百家争鳴《ひやっかそうめい》するほどに違う。

しかも、それは素人《しろうと》の生兵法なので百家争鳴するのでなく、かなり玄人《くろうと》、あるいはまったく玄人のあいだで千差万別だということである。はじめは日本だけがそうなのかと思っていたが、アメリカやイギリス、フランスやドイツなどでも似たような状況だということがわかって、私はあらためて驚いてしまった。

だから、そのことから書いておこう。そのなかで私は、この「私」は「どういう立場」なのかも前もって示しておきたい。

もちろん、ひじょうに専門的に話せば、それだけでも膨大な本になろうと思われるので、ここではひじょうに簡単に、ひじょうにアウトライン的にである。

人類はいつから「もう一つの世界」を意識したのか

もう一つの世界、もう一人の自分について、人間が意識しはじめたのは、東洋でも西洋でもずいぶん古いことのようだ。

はっきり言って、三大宗教といわれるキリスト教、仏教、イスラム教のうち、いちばん古い仏教が成立したときには、すでにこの考え方は人びとのあいだに広まっていた。それが具体的にいつかと言われると諸説あるので困るが（それが地域や民族や文化圏によって違うので一概には言えない）、少なくともそれは、これら世界宗教といわれるものの成立のはるか以前、また万物には聖霊があって、その聖霊が万物の生長・消長をコントロールしているとアミニズムの世界で考えられるようになった以後である。はじめは風の神や水の神、木の神、稲の神（これらが精霊《せいれい》と呼ばれる）がいると考えられ、やがてはそれらが一緒に住んでいる世界があると考えられるようになった後、人は、ではそれがどこにあるのかを考えた。そして、私たち人間の生死のドラマから、人間もその世界から今のところに出たり、現われたり、消えたりしているのだと考えたのだ、と思われる。

私に言わせれば、最初に聖霊を見た人が聖霊たちの住む世界を考えたのでなく、最初に人間の死霊を見た人が、初めて人霊も聖霊（神霊）も一緒に住む、そういう根元の世界を考えたのであろうと思う。

しかし、最初はそれも、それらが住んでいるのは、みな同じところであった。しかし、それがいつのころからか、聖霊たちだけの世界、死者だけが住む世界に分かれ、さらにそれが入り組みなおして、よい聖霊だけが住む世界、悪い聖霊だけが住む世界、生前よいことをした人だけが住む世界、悪いことをした人だけが住む世界、などに分かれていったように思われる。

実は、仏教やキリスト教よりも、仏教以前、キリスト教以前のほうがはるかに長かったのだ。

今でも、民族学や文化人類学などを専門に研究し、その実地踏査《フィールドワーク》をしている学者の研究によれば、こういう聖霊の世界だけしかない文化もある。そこには、よい聖霊と悪い聖霊だけしかいない。また、よいことをした人だけが死後も聖霊の世界に住むが、悪いことをした人はどこにも住めない、虫に喰われたり、猛獣に貪《むさぼ》られたりで「ただ失《な》くなるだけ」と、考える文化もある。

原始キリスト教のいう「天国」「地獄」、原始仏教のいう「極楽」「地獄」などだけが、文化のかたちではないわけである。

何万年も前の祖先が「あなたのそばにいる」

しかし、実はこれも、私は今、この「もう一つの世界」「もう一つの自分」というものの存在をただ歴史的、文化発達史的に語ったのみであって、実情はある国の文化がある発達段階にあるからといって、その時にはそれ以前の段階が消え去り、それこそ、ある文化段階が、ある人が言うように、突然に「失くなって」しまうわけではけっしてないのである。それはいつまでも伝承となって、古譚《こたん》となって、また印象《イメージ》として残る。

特に、それほどの文化段階にあっても、その社会がすでに地位、職業、役割分担などを生み出す段階まで発達しているところでは、その地位や職業や役割分担や、あるいはただそれに値する個人の天分、能力などとしても、残るものなのである。また、それは、それを受け取るその時点の現界側の社会が、どのようなものであるかにはまったく関係なく、何ひとつ関係なく、その「もう一つの世界」「もう一つの自分」の実在それ自体として、すなわち、現界からいえば絶対の永遠、絶対の存在の実在霊の現存として残る。

すなわち、私たちはその文化的祖先いかんにかかわりなく、その世界（霊幽界）があるということで、現に、ここに、あなたのそばに、それがあるということで生き残る。というより、生を〝継続している〟わけである。

もう少しわかりやすく説明しようか。あなたがキリスト教徒であろうと、仏教徒であろうと、またアフリカやオーストラリアの先住民であろうとエスキモーであろうと、あなたのそばには「もう一つの世界」「もう一つの自分」があり、何万年前のあなたの祖先も、何百年前のあなたの祖先も、その「もう一つの世界」のあり方で、現にあなたのそばにいるのである。そしてそれが、「霊幽界」である。

冒頭に、私は霊幽界を「認める」人の、その「認め方」の問題の差で、いちばん困ったと言った。では、そのどういうことで困ったか。すなわち、今まで述べたことの中でどのあたりから「困った」かというと、

①霊幽界について、歴史や文化や民俗などの「学問的問題としてなら認める」という人

②形や説明はどんなでも、とにかく「そういう世界の存在」を認めるし、それに興味が

あるという人

この二タイプが混在していて、その混在の差に困ったというのが、大きく（A）の困ったである。なぜなら、この二つは大きく似ていると同時に、大きく違った二つだからだ。

また、大きく（B）の「困った」は、この②の人の中に、（ア）ただ何でも面白い人と、（イ）面白いなどというより、今、そのために何か困ったことを持っていて、それを何とかしてほしい人、とがあり（時に私のところに来てくれる人はこの②の人である）、それには私自身が何とかしなければならないのだが、いざそのために困ることは、（イ）の人が（現に何か困ったことがあり、何とかしてほしいのに）、私がその何とかを話しはじめたり、しはじめたりしようとすると、にわかに「それは私と意見が違う」となったり、「あの人の説明することとは違いますね」だったりすることである。

だから、この（B）も困る。しかし、どのくらいこの（B）が困るのか、この「困った」の説明もしておこう。

私は今、毎日、毎時、毎分、霊界を見、幽界の幽体たちを見聞きしている人間だが、この章の初めで申し上げたように、それを他人に説明するやり方は、どちらかというと日本の伝統的な土俗神道のやり方、その説明の仕方をしている。

さらには、神道だけでは説明のつかないこと、また神道のことばを直接使ったのでは、そのことばの説明だけでこちらが疲れきってしまったり、はっきりとその後の心霊学の新しい発見に追いつかないことなど（私がまだ知らない神道の知識や行《ぎょう》もまだたくさんあろう。現に神道書のいろいろを読んでも、理解できないことがたくさんある）がある時には、私は新しいことばの中からわかりやすいことばを選んで使ったり、古い神道以後の修験道《しゅげんどう》、陰陽学《いんようがく》、仏教などからのことば、考え方なども選んで説明しなければならない。

しかもまた困ったことだが、往々にして、実は理解してみると、これらが新しい学問の専売特許でなく、古い神道の中にちゃんと説明されている既知のこと、また同じことを別のことばで表現したものというケースが多いのである。

だから、そういう時には私は、新しいことばも使う。昔から漢方医学では「応薬《おうやく》」ということがいわれる。すなわち、病状（人情）に応じて薬を使え（説明をしろ）ということである。昨今のことばでは「インフォームド・コンセント」となろうか。これと同様に、私も、この人にはどういう説明の仕方をしたらいいのだろうか、そしてあの人には、と考える。

もとは一つ、すなわち、現界のほかにもう一つ霊幽界があり、その状況と働きを説明するだけだから、私はことばはどうでもいいと考えているわけだ。その言い方、使うことばが、洋の東西により、またその文化史や文明史により、またその個人の職業や職能の差、また関心・興味の持ち方の差などによって違っても、語られることは無数にあっていいと私は考える。異論もあるだろうが、本書では私のこの原則に従ってほしい。

だから、私は、あらかじめその誤解をさけるために、私のあらゆる説明が、どちらかというと神道の考えと原則にのっとり、その他、広く仏教やその中の密教・修験道、さらに私がこれまでに勉強した東洋的な心霊学といえる陰陽道《おんみょうどう》などから、必要な（適当な）知識を補って述べるものであることを、あらかじめ読者にお断わりしておきたい。すなわち、これから述べるのは、あれもこれもでなく、どちらかといえば宗教的、信仰的な私の霊幽界とのかかわり、またその知識、ということである。もちろん、そういう私のことだから、一種の使命感、伝統観があり、そこからも発言することがある。

もし、私に不満の方があれば、どうか他のいろいろな本も読んでいただけまいか。

本書に登場する「専門用語」を解説しておこう

最近は、この霊幽界のことがいろいろと活字、電波媒体にもとりあげられる。人がよりよく人であることの意味が多様に検討されはじめているからだと思えば、形はどうあれ嬉しいはずであるが、なかには腹の立つようなこともある。まったく的はずれと思われるようなこともある。その私の腹立たしい思いが、時には、この文中にも反映することがあるかもしれないが、それはあらかじめ諒とされたい。

本当は世界の心霊学史についても、簡単に洋の東西を見ておきたいのだが、ここではもう紙数がないので、それはまた他日――。

ただ、日本にも外国にも、今はやりのお手軽本よりずっといい古典があること、そして多くの外国では、日本よりはるかに組織的な研究が行なわれていることをつけ加えておく。たとえば、米国と旧ソ連は、この分野でも一種の競争をしていた。このごろは、世界の医学、心理学、宗教学（宗教哲学）、物理学などの面からも厳密に研究されはじめている。なかには、まるで計量学的に、霊の重さは何グラムだとか、その移動する速度は秒速何キロメートルなどと、より厳密に、外側からこの霊幽界や霊幽現象をとらえる人も内外に増えつつあることだけを述べておく。

近代科学が、再びこの古い問題に立ち返ってくるまでは、その研究は西洋でも東洋でも、特に日本では、神学者や宗教家、また特殊な修行者や職業的霊能者たち（霊媒師、拝み屋、祈祷師など）の実践にたよっていたのである。しかしその人たちは学者でないから、自分の技術や知識を門外不出として秘蔵し、それがあまりに大げさすぎて、逆に何にも知らないが正直な人びとから、「鰯《いわし》の頭も信心」などといって揶揄《やゆ》された。

今となっては、尊重し過ぎて、かつての大日本帝国と神道の関係のようになっても困るが（それほど偏狭なものではないから）、あんまり愚か者あつかいも困る（ちなみに言えば、天皇霊より古い祖霊は無限にいる）。あくまでも平静に、正直に、この霊幽界とはおつき合いしたい。それを職業とする人も、である。

私がここでわざわざこう言うのは、何千例も知っている私の祖霊たちが、最近、特にそう言って希望しているからである。「公平、清命、平常心を心がけよ。それが自分たちの真なり」――と。

ところで、本文に入る前に、本書にたびたび登場する専門用語の意味について簡単に説明しておこう。

霊界《れいかい》とは、死者が一応の成仏《じょうぶつ》をした世界、死を自分で認めて、生前の自分の罪業《ざいごう》のつぐないに邁進《まいしん》する世界をいう。

幽界《ゆうかい》は、逆に現実界に一番のみぢかに存在する世界であって、死者でも、ひどいのはいまだ自分が死んだことすら気がついていない。そういう低迷の世界で、この幽界に住む者の憑依《ひょうい》は、現実界では日常茶飯事だ。現界人にとっては、危険な世界ともいえよう。

霊査《れいさ》とは、霊の世界を、霊的に一定の手段・方法に従って調べることであって、霊能力とか、霊感力とか、一定の霊術でもって訪ね、そこの応答を求め、確かめる。

動物霊　死んだ動物の霊。しかし、その位には高低があり、高級霊も多く存在はするが、一般的には低級な霊である。人間霊であっても、動物霊界に多く生活をしていれば、いわゆる畜生界などと、仏教ではお説教をしている。

水子霊《みずこ》とは、ヤミからヤミに葬った子の霊である。この現象は、一般に知られているより、はるかに根強く、激しい。第一、両親の殺人行為は許せないだろう。ウラミはさぞかしとわかる働きをする。

憑依霊《ひょうい》は、動物にしろ何にしろ、人体に霊が寄りかかって、いろいろと現象作用を起こすこと。取り憑かれれば、もちろん凶事のみであって、プラスは何もない。

霊示《れいじ》とか**霊告**《れいこく》とは、**霊念**《れいねん》ともよく似ているが、ひっくるめて霊界人の言うことば。霊界からの物ごとの依頼もあれば、現界への警告・忠告もあり、現界に喜怒哀楽の気持ちを伝えようとのものもある。霊が予知する変事の予告めいたものも含まれる。

感応《かんのう》とは、霊の響きに感じて人間が心身的にあやつられること。

因縁霊《いんねん》とは、自分とつながりのある霊のことで、それには善因、悪因とある。インネンは何もかも凶事であるとは限らない。なかでも色情因縁霊は、男女関係に働く霊をいい、これはだいたい凶事を指している。

浮浪霊《ふろう》　これにはいろいろの意味があるが、端的な例をあげると、霊幽界の失業霊、乞食霊が浮浪霊である。もちろん、現界に対しては低級な働きの霊が九〇パーセントと考えて間違いない。

霊相《れいそう》とは、霊の姿とか、霊の動きとかと思ってもらえばよい。

背後霊、**守護霊**、**支配霊**、**指導霊**、などは、本文の中で詳しく説明したほうがわかりやすいので後述する。

波長（霊の）とは、霊界に、電流とか電波のように、目には見えないが、ある力が働く、その働きをいう。物理学用語では電波と表現するように、ここでは霊の動きとか、強弱などを含めての意味で波長という。電波に短波、長波と区別があるように、いわばそれが霊の階級をも示している。

霊因とは、霊が原因であるの意味。

墓相とは、墓の形によって吉凶を見るのであるが、現実には霊学的見地からの墓の姿のことである。

霊視力とは、霊界を見る力のことで、これは限られた人のみの特殊なものではなく、誰でもその力を持っている。

輪廻《りんね》とは、巡り巡ってとか、巡り合わせとかの意味と、今一つは、万物が生まれ変わるとする仏教の輪廻転生《てんせい》の面も含まれている。同じ意味を持つ転生だが、これは物理学のエネルギー不変原則や、生物化学のいう無機・有機の変換・循環のように、生命から生命への生まれ変わりのことを指す。

自我霊とは、自分本来の魂を指す。自分が死亡するとおのずから霊魂のみが残る。この霊魂のことである。

禊《みそぎ》とか**禊祓い**《みそぎはらい》の意味は、祝詞《のりと》の例が知られているが、それは、神官が必要とするばかりではなく、一般の民間信仰者も、現実に多く使用している。

「カケマクモカシコキ　イザナギノ大神　ツクシノ日向《ひむか》ノタチバナノオドノ　アハギハラニ　身削《みそ》ギハライタマイシトキニナリマセル　ハラヒドノ大神タチ　モロモロノマガゴトツミケガレヲ　ハライタマヘ　キヨメタマヘト　カシコミ　カシコミ申ス」

のように、現身《うつしみ》が知らず知らずにおかす罪穢《つみけが》れを、ハライ清める。心と行動、態度を改めようとして試みる場合をミソギハライという。

霊質とは、ここでは人間の性質に置き換えれば、わかりやすい。

施法《せほう》とは、法を施す、つまり神事・仏事の定められた行事。

正統霊（神）　何ごとにも片寄っていない神霊、天にも地にも正しい力を現わす霊とか神をいう。

生霊《いきりょう》とは、現在生きている霊が、人体から離れて目的とする場所に現われたり、エネルギーを出して吉凶の現象をかもしだすこと。ただし、凶的な面に使用される場合のほうが多い。

屋敷霊とか**家憑きの霊**とは、もともと何かの因縁で、その家や屋敷に居座り、たむろする霊のこと。各種各様の霊がある。

霊現象とは、霊の作用をはじめ、喜怒哀楽作用によって現実に現界へ出てくる、その他もろもろの生活に出現するありさまである。

善因善果《ぜんいんぜんが》、**悪因悪果**《あくいんあくが》とは、善い原因があれば善い結果に、悪い原因があれば悪い結果に、つまり霊因の善し悪しによって霊の働きが変わること。

霊動とは、霊の動きをいうのではなく、人間の体が霊念などの作用で、心ならずも震動したりすることをいう。なかでもひどいものになると、合掌した両手が前後左右、上下に大きく震えることも多い。

呪文《じゅもん》とは、のろいのことばと書くのだが、実は霊界の多様な世界と、現界の特殊な人たちとの約束事による霊幽界との通信文である。強烈な力、関係を湧き出させることばと理解してよいと思う。同じく**呪術**《じゅうじゅつ》とか**霊術**も、同じような約束事であり、前者がことばならば後者はその全体的な技法である。

霊障害とは、悪影響をもたらす霊現象の意味だ。現実に障害となる原因が現界ではなく、霊・幽界にある。霊幽界から起こるサワリ、タタリをいう。

最後に、この説明でも出てきた**霊の高級**とか**低級**であるが、それは霊界でのその霊の位、位置づけというより、むしろそれの現界に累《るい》を及ぼす影響が、高級であるか、下劣で低級であるか、の区別と考えてよい。

第一章◎あなたの人生は霊幽界に支配されている

「霊幽界の仕組み」はこんなにも恐ろしい

霊界とか幽界とか、霊幽界論議は相変わらず盛んである。しかし、マスコミをはじめ、いくら世間がかまびすしくても、実際に幽霊を見たとか、奇怪な事件にぶつかった人でなければ、容易にそれを信ずることはできない。

当然のことである。自分が先祖様にならなければ、霊幽界の動きはわからないし、先祖霊の気持ちもわからない。特に、霊幽界自体のなりたち、しきたりを、はっきりした霊ごととして知るには、自分が先祖霊とならなければ、十分な条件は満たされないわけである。いくら霊媒《れいばい》とか霊感師といっても、その時ごとに霊幽界の一場面しか確かめることはできないからだ。

この霊幽界を、隅から隅まで透視できるかのように振舞う特殊能力者も多いけれど、私はけっして信用しない。世間をあざむくばかりか、当の霊幽界をすら怒らせる場合も、間違いなく多いはずだ。えらくリアリティーがあるように書いているものの、むしろ肝心のところは、靴底から足の裏を掻《か》く感じ、まさに隔靴掻痒《かっかそうよう》になっている。霊も実にはがゆいのではないだろうか。

とにかく、霊界を知ることは、これがそうですと実物を示せないからむずかしい。目の見えない人が、巨象の尾をなでて「ああ、そうか、象とはこれか！」というように、先祖様になれば霊界、幽界がわかるといっても、実はその先祖先亡霊も、自分のいる一場面しかわかっていないのである。

霊幽界全体はどうできているのか？　霊には階層があるのか？　先祖先亡霊も、それらを知らないと思えるふしが実に多い。

「このあたりまでのことしか、私にはわかりません」

はっきりとそう返事をする霊言はひんぱんに聞く。また、ある問題に霊査《れいさ》をして、現実に関係の調整にとりかかっても、霊幽界全体がそれに反応してくれるわけではない。逆に、苦情を投げかける先亡霊も多いものである。

嘘をついたり、ごまかしたり、間違いごとをしゃべったり、自分のミスを取り消そうと頑張る霊もいる。特に幽界はわずらわしくて、へたをすると、肉体人間であるこちらの一生も棒に振ってしまう危険性すら感じられる。

このような面では、現界がより幽界によく似ているのではないか。肉体人間が、いきなり死の世界、魂だけの世界、つまり幽界の人となって、いまだに、「自分は生きている、肉体があるんだ」と思って行動するので、しっちゃかめっちゃかの混乱となる。明らかに霊でありながら、自分の生前の想念とか、昨日までの自分の行動を今も続けている霊もいるのだから。

長患《ながわずら》いをした病人が他界すると、人びとは「これで誰だれさんは楽になった」と、こもごもに言葉を交わす。長い年月、看病をされた人はホッとひと息する。ところが実は、闘病で長年苦しんだ人は、死んでも苦痛は遠ざからず、あの世でも治りたいと願い、現界を恋うる例が多い。看病した人にすれば、死霊と自分との交際《つきあい》は、これからが密接な関係となるのだから大変だ。

「動物霊」は人間に取り憑いて思いをとげる

霊媒とか霊感師を訪ね、「あなたの背後に動物霊が憑いている」と、告げられた経験はないだろうか。間違いなく、この場合は、霊幽界でも低級な動物霊が取り憑いているわけで、肉体人間を動物霊が支配する、あるいはあやつり惑《まど》わすことがあるのは、否定できない事実である。

ある種の動物が、生前に人間に酷使されたり、また殺されたり、逆に目の中に入れても痛くないほど寵愛《ちょうあい》されていたとする。いざ動物霊界に来てみると、人間世界でいう放心にも似た快さ、意思のままに行動可能な状況である。古いことを思い出し、「自分たちも人間になりたい」と欲望し、続いて、「酷使した怨みを晴らしてやる！」と怨念し、さらには可愛がってくれた人間との生活が忘れきれないといったことがあると、肉体人間に対してその動物霊が寄りかかって、憑《つ》きもの、つまり憑依《ひょうい》現象になる。

人間は万物の霊長だとして、優越感いっぱいに生きているが、裏返していえば、万霊が人間生活を味わいたいために、現実の肉体人間は狙われているわけである。誰しも自由奔《ほん》放《ぽう》に意思し、行動が可能だったらと欲求する。「魂」がある限り、例外はない。

万物の霊長としての人間、つまり肉体人間の生活を、彼ら動物霊が羨望《せんぼう》の的としているなど、その時になってみなければ誰も知らないだけのことである。

「人間らしい生活をしたい」とか、美味しいものが食べたいとかいう時、霊界人間は手も足も口もない。食べることもできない。動物霊も同様だ。飼い犬や飼い猫が肉体人間に恋着し、性行為を望むケースが多いのは、自分の体がないためだ。またセックスの相手にも体がない。あなたが霊魂の立場ならば一体どうするか？　肉体人間の体を借りなければ、性欲の始末ができないわけである。

私も、いつも自問自答してみる。「もし自分が霊界人ならば、肉体人間様の体をお貸し願わねば極楽には行かれないな」と。答えはここで尽きる。自分が幽魂でありながら生前の欲望を忘れきれないあいだは、霊が自分の欲望の対象物を探して、乗り移って、いわゆる憑依現象を起こして思いの限りを尽す。

「自分には体がない。こんなことをしても仕方がない」と悟りきるまでは、肉体人間の世界を惑わすわけで、それが霊界以前の幽界の特長である。ましてや動物霊は、人間の世界や体を犯したい刹那《せつな》的な欲望がある。

「異常な性行為」の陰にひそむ霊幽界人

現にあった、憑依の例を二つほど紹介してみよう。

京郡の名家、S家には、奇妙な出来事が代々続く。後継ぎの息子に嫁がくると、いつの間にか父親と嫁が肉体関係を結んでしまう。父親は人前でも平気で嫁の尻をさわったり、いちゃついたりするので、近所の人や知人たちにもすっかり知れわたり、恰好の噂話を提供する始末。

しかし、当の息子は、そんな嫁を見てもあまり気にならないという。むしろ、親と嫁の仲のよさにホッとしている感じだというから、「いったい、この家はどうなっているのか」と思いたくなる。

だが、これを霊的に解明してみると、〝屋敷霊〟が起因している。かなり昔から蛇の精霊が居座わり、代々その家人にサワっているのだ。畜生ならば、親と子が交わってもいっこうに不思議はないし、不義とか貞節など、人間世界の倫理観も関係ない。息子も何も感じないのである。

この嫁が出産する時などは、父親のほうが息子そっちのけで看護し、お祝いや見舞いにきた人にも嫁を見せないように、嫁の体を隠すようにしたという。付添人や同室の妊産婦も、気味悪がるほどだったというから、義父としての愛情を通り越して、むしろ異常でさえある。これも蛇の精霊のせいなのである。

次に、五十一歳のある男性の例である。仮にA氏としておこう。A氏は会社役員で、村会議員もつとめ社会的にも認められた存在であったが、その彼が社会から〝脱落〟してしまった。それは以下のような理由からであった。

昔から、この村の外れに蛇塚が祀《まつ》ってあった。ところが、そこに道路を通すことになり、蛇塚を移転する計画が持ち上がった。最初は、サワリやタタリがあるといって、村民や村会議員の中からも猛反対の声があがった。もちろんA氏も反対した一人だったが、だんだん賛成の側に回るようになった。村の発展のためには仕方ないという理由から、移転推進派に回ったのだ。

こうなると、A氏はむしろ積極的に村民を説いてまわり、蛇塚移転の音頭さえとるようになったのである。

A氏の運動が功を奏してか、結局、この蛇塚は移転することになり、新道路を開くことになった。ところが、村内はおろか近隣の町でも、タタリを恐れてこの移転工事を請け負う会社がない。遠く離れた市の工務店がやっと引き受け、工事にとりかかった。しかし、いざ作業をはじめてみると、石工が急に発熱で倒れたり、トラクターが横倒しになったり、原因不明の事故がいろいろ起きて作業がなかなかはかどらない。村民は、「やはり、タタリじゃ」といって恐れていたという。

そんな騒動もあって、工事の日程も予算もオーバーしたが、ともかく道路予定地から四十メートル離れたところに蛇塚を移転させた。

その後、蛇塚のタタリもなく、無事道路も開通した。道路ができてみると何かと便利になった。こうなると現金なもので、村民は、A氏を村の功労者であるといって賞賛するようになった。それどころか、次期村長にかつぎだそうという動きさえでてきた。

そんなある日、隣町で何かの宴会が開かれ、A氏もその席に参加したのだが、その帰り道のことである。夜、自転車に乗って例の新道を通って自宅近くまできたところ、道ばたから急に老婆が飛びだし、A氏に向かって手招きをした。

A氏は、心の中でやはり蛇塚のことが気になっていたのだろう。一瞬、これは蛇塚のタタリ、と思い、道ばたから、にぎりこぶし大の石を拾いあげるや、その〝妖怪〟の頭めがけて思いっきり叩きつけた。〝妖怪〟はギャーッという声をあげて、その場に卒倒した。

だが、〝妖怪〟が、絶叫して倒れたりするか？　A氏もおかしいと思ったのだろう。目を凝らしてよく見ると、なんとそれはわが妻ではないか。いかに宴会の酒で酔っていたとはいえ、自分の女房を〝妖怪〟と間違って殺してしまうとは。

しかし、この事件は私の目から見ると、A氏が酔っていたから、とばかりはいえない。やはり蛇の霊がそうさせたのである。その頃から、蛇塚の近辺で、いろいろな怪現象や事故が起こったという。

ところで、くだんのA氏は二十年の刑を受け服役しているのだが、彼の一人息子が、この事件以来、人が変わったようになり、女とみれば老若を問わずワイセツ行為におよび、とうとう村の田んぼで怪死するというおまけまでついた。他殺だという噂も流れたが、犯人は挙がらなかった。

村の人は、「息子は蛇に殺された。タタリだ」と信じているという。

私はこうして人間様がやられっ放しにやられていることを知っているので、「僕は君の全部を知りたい」「私のものを全部あなたにあげたい」などと、熱烈な若者の愛の情景も、時とすると、「ああこれも、動物霊の働き場所だな」と思うことがある。幽界・霊界から見たら、きっと苦笑いが止まらないだろう。

動物霊だけでなく、霊幽界人が、というより私たちの先亡者や先祖が、現界人の肉体に乗り移ったときも、欲しいままの性的行動をしているのだから、現界人は、あまり性行為一点にのみ注意を絞らないでほしい。

「水子霊の呪い」はあまりにも激しく強い

この世の人間的諸現象が、実は霊幽界からの〝あやつり〟で左右されることを念頭におき、人間らしい心の炎を消さぬことこそ、彼らにやられっ放しにやられずに済むというものである。それがバランスの取れた人間らしい人間生活といえるし、また、本書でだんだんにふれるとおり、物ごとの成功とかプラス面を引き出すのには、何よりこの人間的平常心を必要とするからである。

霊魂が実在すると考えて、仮にあなたが死霊の世界の人であると考えてみよう。長期間の闘病生活や、交通事故などでこの世を離れたとき、つい昨日までの現界の生活状態や想念を、「ハイ、サヨナラ」とあきらめきれ、霊界に入って「新米《しんまい》ですが、しっかりガンバリますのでよろしくお願いします」との心境（霊境）になりきれるであろうか。かならずや、迷い、焦り、嘆き、悲しみの叫び声が、むごたらしく死霊をおそうであろう。

肉親や恋人との永遠の離別でも、魂だけの世界にあって自分の本能的欲望をとげようとするならば、どうしても現界の人体に想いを走らせ、取り憑かなければ、霊魂の念意はかなえられないのである。「ああしたい、こうしたい」とする霊の想念に対しては、たとえあなたが「おれの体は貸してやらないよ」と頑張ってみたところで無意味である。そう思うだけでは無駄な抵抗である。
なぜなら、霊は超自然現象なので、人体の生理現象と同様、私たちはある意味で彼らの意志と用事を受けて日々の生活を送らされている。彼らは体も手も足も口もないが、念望、欲望が泣き叫ぶときには、人の力ではその憑依現象からは逃れられないからである。阿鼻《あび》叫喚《きょうかん》の地獄が、実に凄まじいのは、むこうの世界だろう。むしろ、霊幽界のほうに同情したくなる。

生前に金、女、酒、賭け事、争い、揉め事など、激しい苦労や、倒産などのもろもろの凶難事があっても、逆に、贅沢な一生で、社会的地位も手に入れ、有名人にもなり、人からみればとにかく羨ましいほどの人でも、やはり日常とか生涯を通じ、幾種類かの苦しい人生を経験しないでこの世にサヨナラした人はいない。不幸だった人ばかりか、幸福だった人でも、この世に思いを残すのは同じだ。

「水子霊や、早くして亡くなった子がいるじゃないか。そこでは人生の体験なんかないだろう」と反問なさるだろうから、その答えを少し述べてみる。

男女が本能のままの性行為をしてその結果妊娠しても、それが社会的に受け入れられない場合は、ヤミからヤミに一個の生命を消してしまうことがある。この結果が永久に浮かばれない水子霊の誕生である。射精された精子に受け入れの卵子がOKならば、そこに生命の働きが約束される。一個の魂がつくられるのは周知の通りである。しかし、「ボクは生んでほしいと頼んじゃいない」と、ちゃんと生み出してもらった子でも、一度はこう言って、親は大変に情けない、耳のつんざかれる思いをするものだが、「勝手に生んだ」と主張する実在の子と同じく、親が勝手に生命を生んでヤミからヤミに葬った場合、その子の怒りと嘆き、悲しみは、想像できないほど激しい。

ましてや実在の子ばかりを大切にし、水子霊にはまったく心を傾けないというのでは、渦巻くような大変な呪いの霊念が、残された親子にまとわりついて離れない。恨みをのんだ水子霊は、親子の争い、もめごとに介在して、よりいっそう親と子の争いに拍車をかける。人生無体験のはずの水子霊も、また早死した子どもの霊も、霊界では憐《あわ》れな霊であり、呪いの強い霊なのである。

日本には「霊界交信」の伝統が古来からある

人生の辛苦、豊楽、吉凶、難事の坩堝《るつぼ》の中で、一生を終える私たちである。生涯にはたくさんの体験をする。そして、たくさんな〝お荷物〟を抱きかかえて、未知の世界へ行く。それも二度と戻れない、片道切符を持っての出発である。生前に持つ強い情念は、体がないからといって簡単には諦めきれるものではない。たくさんな〝お荷物〟とは、仏教の言葉では因縁《いんねん》とか、業《ごう》とか、罪業《ざいごう》として教話する。神道では罪穢《つみけが》れといい、その範囲は広いが、みな忌み嫌い、常時清浄であることを尊ぶ。

特に、古代の日本社会では、霊事が政《まつりごと》の中心であり、政とはその中心に神宰者を置いて、長老たちがさまざまに霊界の意向を聞き、その教えに従って行政を行なうということであったという。

中国の史書に出てくる日本のいちばん古い姿である耶馬台国《やまたいこく》で、女王卑弥呼《ひみこ》が「鬼道《きどう》を能《よ》くする」という、その鬼道とは単に卜占《ぼくせん》（占い）ということでなく、霊界・幽界との交信をなし、手続きによってその助けを借り、現界のために霊幽界に動いてもらう技術のことであったと思われる。

しかし、古代ギリシャの神宰政治では、神職者や巫女《みこ》は神々の意向にはしたがうが、死者たちや万物の霊たちの声は聞かない。一方、エジプトやメソポタミア、北方狩猟民の世界では、古くから死者の声を聞き、神々の声とともに広く万物の霊たちの声を聞いて、家や村や国の方針をきめるならわしがあり、その職業的従事者もあったことが知られている。神界に対する霊幽界の存在、死者をはじめとする万物霊の世界の住人が鬼《き》で、鬼につき合う技術、しきたりが鬼道、そして卑弥呼がその鬼道を「能《よ》く」した、つまり能力があったのだと、私は解釈している。

日本古来の神政時代から、すでに日本人は不浄邪霊の憑霊が、人体をむしばみ、生活や一生に悪影響をおよぼす事実を経験的に知り、恐れおののくことを知っていたと思われる。

古代的知識の天文地学を日月星晨《せいしん》に測り、卜占をうべなうとともに、祈祷師や巫覡《ふげき》を使って霊示霊告によって、彼らは政治を営んだのである。

すなわち、古代オリエントは、それほどに霊界が見え、霊界の声が聞こえ、現代のすさまじい泥沼の世相とはちがう、今では想像もつかない社会であった。

では、それが、いつのころから現代のようになったかといえば、やはり、江戸時代も末期から、欧米の文明思想・文化が、怒濤《どとう》のように日本国に押し寄せ、当時の日本人は、文明開化の政治経済下でまったくのヨチヨチ歩きとなり、霊界からの声とか、霊界が見えるとかの人たちは、ひとにぎりの数しかいなくなったようである。根本の違う文明が日本にはいったのである。

またさらに都合の悪いのは、明治の維新が過ぎるころには、霊界との交流が社会的・物質的にむずかしくなったのである。たとえば、伝統的日本社会にあっては、個人の一身上の出来事でも、世間的出来事でも、困難事とか軽佻《けいちょう》浮薄《ふはく》な事柄、その他、要するに人間が平均的に苦痛とする一切合財の諸問題に対して、人は誰でも激しく全力投球で事を処理するならいであった。言い換えれば、すべてが〝自己責任〟という社会であった。だから人びとは、身辺や肉体をさいなむほどに苦痛とする事件・事故の渦巻に身心をさらけだすよりほかに、仕方がなかった。またそうすれば、そうしたことの報《むく》いも、予想ができた時代である。

しかし近代とか現代ならば、心配事をかかえていたとしても、一時的にその心配事をまぎらわす手段、方法がたくさんある。テレビ、ビデオなどの娯楽のほかに、人びとにその日その日の享楽を売るだけが目的の歓楽街など、数えあげたら際限がないほどの、心の憂《う》さをまぎらわす手段、物質が豊富である。一時的にではあるが、とにかく、心配事に集中しなくてもすむのが現代社会である。

ところが昔は、夜ともなると菜種油の灯だけの生活である。室内は薄暗い。今と違って、テレビなど何もないのだから、いうなれば、舞台装置が心配事に念を集中しなければならないような仕組みになっていた。

よく、現代人は霊感師とか、霊能力者、霊媒師などを超能者と称し、それらを特殊な人として考えやすい。だが果たして、それは事実だろうか。特別な人のみしか霊界交信ができないのだろうかと疑問に思う。

昔は心配事であろうと、まともな目的であろうと、なんであっても熱中して集中力を働かせる日時を過ごすと、何かを感じたり、まるで空耳のように耳に聞こえたり、また、先亡者などが見えたとする人びとが意外に多かったのである。そして条件さえそろえば、先亡者を見たとか対話したとか、肉体ごとその場に連れていかれて霊界交信の体験をした人も多かった。

集中している私を「奇現象」がおそった

まだ、私が霊感など思いもよらないころ、ある一つの問題でおよそ半年間、夜も昼も想念を一つに集中したことがある。いや、させられた時期がある。私の背後には支配する霊魂があり、その霊魂が私をあやつっていたのであろう。とにかく、自分自身の望みとか、願いとか、欲の自我心で行動したのではないが、ある種の憑霊的情況の半年間、やはりその間じゅう、私にはいろいろと大なり小なり〝奇現象〟が起きたのである。

その一つに、ある朝、目を覚ました直後に、鈴を鳴らすような実に涼しい声で「人間のニンは仁であり忍である。ニンとはイと書いて横に二の字を書き、また、しのぶである」という声が聞こえて、私は驚いた。初めて、姿なき声、声なき声が私の耳に聞こえたのである。

「何ごとにも仁義を尽くして耐え忍べ」

そういうおさとしであろうと受け取ったが、やはり不思議はあるものだと、その時、深く思ったのである。霊界と神の世界は、現界人が正統とする事柄に努力する場合は、かならず呼応できるようである。一方、邪悪とされる事柄にも、集中力を持てばやはりそれに類する邪霊、不浄霊が加担する。そして時としては目に見えたり、耳に聞こえたりする。

私たちはこれを「感応《かんのう》する」といっている。効き目とか、御利益《ごりやく》とかいうのもこのことだ。何ごとによらず、人が全力投球し、一つのことに専念すれば、霊界に響くのである。だから特殊な人にのみ、霊界通信の力が与えられているのではない。実は、誰にも道が開かれているといえる。ただ、現代の生活環境が邪魔をするので、一見、この道は断たれてしまう。火事場騒ぎに、普通なら担ぎ出せないタンスや金庫などを、クソ力を出して戸外に出した人がたくさんいる。現代科学では、何かの潜在力がとっさに働くと考えるようだが、私も一度、その現場を見たことがある。まるで瞬時的に、関係の応援する霊が、その人にエネルギーを貸しているとしか思えなかった。

あなただって「霊的感応力」を持っている

もう一つ、似たような話をしよう。

ずいぶん前の話だが、ある山麓で、江戸時代初期につくられた百姓家の、穀物とか農機具などをしまう倉庫代わりの畳四帖ぐらいの広さの穴で、私は一時間、座禅を試みたことがある。

穴の入口は雑木《ぞうき》で覆われているので、中はまっ暗闇だが、意外に乾燥している。小虫やら小動物がいたかもわからないが、カサとも音はしなかったと記憶する。その時の無気味な感じ以外は忘れてしまった。ところがその間、ほんの数秒だが、自分とそっくりの人像が、目前の暗闇にボーッと浮いて対座しているではないか。私は、自分が鏡の前に座っているると一瞬錯覚した。どぎもを抜かれてほうほうのていで穴から這い出したが、その後、心霊学の研究に精を出してから納得したのは、どうやらこれは自分の背後霊であったらしいことである。

自分の何代か前の先祖・先亡者に、自分そっくりの人体で、ひょっとすると大部分が今の自分の性質に似かよっている、あるいはその人生もほぼ似たような生き方をした霊がいて、自分の仕損じとか、生前の願望を私に託していたのであろう。いや、それは守護霊だという人もあるが、実は守護霊はめったに姿を見せない。その後、霊感がつき出してからも、さまざまな霊視はあるものの、守護霊は一度しか拝視していない。守護霊は、優秀な霊能者でも一生に二、三回しか見せてもらえない。それもチラチラ程度である。

話が途中で横道にそれたが、とにかく、穴の中で無念無想の状態のときに、私は〝実体なき人像〟を見たのである。それがどういう条件かはわからないが、条件がそろえば誰にでも、霊幽界は透視できるように思われる。テレビ、ラジオその他、もろもろの娯楽が一時的にせよ、歓楽とか気休めなどで人間をまぎらわすことがなければ、霊界交流はもっとスムースであることを私は強調したい。

水行《みずぎょう》とか、滝行とか、とかく抹香《まっこう》くさい方法や密教的荒行《あらぎょう》など、いわゆる修行をしなくても、強度の集中力の持続状態で時が過ごせれば、霊はかならず見えたり、聞こえたりするのである。恋慕《れんぼ》の情がつのるときの一念は、すばらしい恋文を書かせたりする。この時ばかりは、作文上手であるが、のど元過ぎればまた、元の下手な文章で、手紙も書けない文章力となってしまう。

わかりやすくいえば、あなた自身でなく、念を集中するため、それに似かよった霊が手伝うのである。知らず知らずのうちに何かに心念を集中させれば、人間には自分の潜在能力が働き、また霊が応援してくれる。それに応じた技量を持つ霊魂と、あなたとが感応するのである。だから、世の中の人びとすべてが、霊感者に間違いないのである。

自我霊は「受胎と同時」に宿る

プラスであろうといわゆるマイナスの低級霊であろうと、二十四時間じゅう、私たちは霊と魂との仲良しクラブの二人三脚なのである。母の胎内にエネルギーが宿った瞬間に、霊宇宙の遊魂が同時に宿る。形になった一個の人体が存在することになる。

ただし、その遊魂が、先祖などのゆかり霊、まったくの他人霊、または海外人の霊であるか、それは定まっていないといわれている。よくごちゃまぜに、これを守護霊とか背後霊だと指摘するが、それは大きな間違いで、これはあくまでも人体となったいわゆる自我霊である。ここのところをしっかりわきまえておかないと、結局は、心霊現象とか、私たちと霊とのつながりとかを正しく解明するのにわずらわしい邪魔になる。

仏教では、これを転生《てんせい》とか輪廻《りんね》とか呼び、一般では生まれ変わりといわれているが、受精と同時に、霊幽宇宙を遊泳する一霊が、人体としての発生と同時に合致して、その性質や癖など、精神的要素の元が作られる。それが「自我霊」といわれるものだ。

守護、支配、指導などの霊魂はこれとはまるで別である。もちろん、受精の瞬間には、入魂を虎視眈々《こしたんたん》として狙う低級霊や、動物霊もある。また一応の悟りを得た霊たちも多い。霊たちももう一度、肉体人間の世界で生活や活躍をしたいのだ。天文学的数字ほどの霊の中から、転生、輪廻によってこうして一個の自我霊が選ばれる。仏教では、それが因果応報《いんがおうほう》の定めによって、善根をつめば人界の恵まれたところに、悪根をつめばいわゆる動物界の畜生道に、転生すると説明をしたわけだ。

たとえば、いつも男女のセックスをとりあげて恐縮だが、厳粛である性行為にあって、その心情とか、雰囲気、そして環境などのバランスによって、入魂の情況が各種各様となり、霊の高級・低級のいずれかが決定される。生まれる胎児の魂はそうして決められるのだから、事は大切だ。

仏教伝来以前の、日本人の考え方を表わしていると考えられる『古事記』や『日本書紀』では、それをイザナギの命《みこと》とイザナミの命との性接触の場面で次のように述べている。難解としかいいようのない古事記のくだりをひもといてみよう。

「あなたの体はどのようにできているか」

「これでよいようにできていますが、ただ一カ所だけ欠けているようです」

「私もこれでよいと思うが、ただ一カ所余るものがある」

「あなたの欠けたところに私のあり余るものを差し入れて国生《くにう》みしよう」

「それはよいことでございます」

そして行為を始めたのだが、最初はすべて女のほうが先に声を出した。すると身体不自由者が生まれたと、古事記には記されている。

霊的には、男女の性行為は厳粛でなければならない感じがする。イザナギ、イザナミの国生みの話はともかくとして、太古の元祖が、仏教伝来以前にも、人と霊幽界との関係を理解していた証拠だと思うがいかがだろうか。

性行為に際しては、二人の心気とか環境や雰囲気その他が上々であることが望ましい。すべてが高まった状態でならば、霊波線も高い所と合致するだろうからと、単純に、ひたすら純に信じてほしいものである。

金銭面で苦労していれば、近づいてくるのは金づかいの荒い霊であり、同じように、子どもは生涯を金銭苦で通すだろう。周囲をはばかった不倫の性行為に近づくのは小心者の霊であり、夫婦、男女間に根強いわだかまりでもあれば、自我霊は荒らぶる者の霊なので親孝行者の子は生まれにくい。性行為は天真爛漫に営むのがよいようである。

　同じ環境、同じ親から生まれても、子どもの性質がかならずちがうのは、体質や癖は、遺伝子のほかに、入魂した霊によって決まるからである。霊たちの世界が現実にあるので、入魂した霊がこの時から肉体を支配するのである。

　子どもが悪いのではない。それに親であるあなたも悪くないかもしれない。が、その時に入り込む霊によって一生が決まったも同然だから、すべて霊支配の作用が私たちの一生涯としかいいようがない。

　どうしてそういうことが起こるのか？　それを霊幽界に聞いてみよう。

「肉体を持つ人間どもが勝手に、ワシ（霊）の霊線と波長を合わすからだ」

　受胎とか出産に限らず、日常生活のすべてで、心気や行動による感情の起伏に対し、凝《こ》り固まりの念を肉体人間が起こせば、そこに一つの念波が起こる。一方、霊も霊波を持っている。この念波と霊波の波長が合えば、そこで霊とあなたとが親密な関係になるという。

　人間どうしでよく「気が合う」「気が合わない」というのも、本当は二人の背後にいる自我霊が合うか、合わないかなのである。

人間の一生はすべて「霊が支配」している

子どもが母の胎内に宿ると同時に、霊幽宇宙を遊泳している霊魂が入る仕組みを簡単に説明した。もう少しそれをくわしく説明しよう。

自我霊の決定に大きく力を持つのが、実は産土《うぶすな》神社と尊称されている、俗には氏神《うじがみ》さんといわれる神様である。どこにもある、鎮守《ちんじゅ》の森の神様で、ここは生まれる子どもの自我霊や、その働きをコントロールできる神様が祀《まつ》られている。入魂した自我霊とその力で交霊できる神が産土神であり、その力の源が発射されていると考えてもよい。

同時にこの産土神は、日本の国土の発祥、発生また造成など、もろもろの国生みに関する思想をも発展させていて、生むとか、つくるなどのすべてをつかさどる神である。

日本人は正体不明の霊幽界とのつき合いに、この神の発生、その根源を尊び、仲介者としてあがめ祭るしきたりを古くから築き上げた。連綿としたその思想・風習は、現代でも国民生活の中に浸み込んでいる。あるいはその発生の根元をたどれば、古代、生むとか、つくるなどのときに、呪術師が霊幽界とコンタクトして幸せを祈願した、古代のしきたりがこういう形になったのではあるまいか。

昨今の外来思想のことばでいうなら、産土神は〝エネルギーの神〟である。とにかく、ちっぽけな一個の人間の誕生も、高速道路の建設も、ビルの建築も、土地の造成や一切合財、それに小動物や虫けらの命に至るまで、すべては産土神の働きとする。

しかし、考えてみると、確かに、生命の発祥とか造成のとき、どんなものにでも霊の入魂はあるうえに、それを支配する力をエネルギーとして持つ専門の神霊界も実在するのだから、この産土神はあがめ奉らねばならない。けっしておろそかにできないどころか、無視すると危険きわまりない。私たちは霊幽界の勝手気ままになり、一度決まった運命から、自発的に逃れる道はなくなる。産土神と私たちとの一生にわたる密接な関係は否めない事実だと考えねばならない。

自我霊とその中の低級霊・高級霊、また動物霊とその中の低・高級霊、それに背後霊のことやその中の支配・指導などの霊、それから守護霊、そして万物を生み、つくる根源のエネルギーとか、その支配権を持つ産土神などのことを次つぎと説明してきたが、これらはいずれも人の心と肉体の発生時に関与し、そして人間一生の身辺を左右させる原因になる。その曲げられない約束事を説明してきた。

だが、これで霊幽現象は全部だろうか。けっして、なかなかこれで終わりとはいえないが、それは後ほど説明するので、ここでは今までのことをもう一度、かみ砕いて吸収してみたい。

①人は霊魂に支配されている。それも霊界でなく、幽界と密接な共同体となっている。

②霊界と幽界の違いについて。

世間一般では、この二つの世界をごちゃまぜにしているが、ぜんぜん別の世界である。霊界とは、もはや悟りの世界、もしくは自己の死を自覚して、生前の罪業などをつぐなう念を持つ世界であり、一方、幽界は、いまだ自分が死んだことすら知らない魂魄《こんぱく》の世界である。だから肉体を持つ私たちに、無意識的にあるいは意識して寄りかかって、もろもろの災難や喜怒哀楽の元をつくる。

霊の寄りかかりの渦巻の中で、支離滅裂の悲惨な生活状態となってしまうのが私たちのおおかたの生涯のようである。何も知らずに霊に取り憑かれ、やられっ放しにやられて人生にサヨナラをしても、幽界の先輩たちと同じように私たちも幽界人として入籍すると、また肉体人間に取り憑いて、さいなみ暴れるさだめなのだろう。

世迷《よま》い言《ごと》はさておいて、とにかく現界の人体にはすでに自我霊が存在し、憑依霊と称する幽界霊の諸階層は、あなたの性質や体質、あるいは霊質が合致すると、あなたの霊も好むと好まざるとにかかわらず、その日から幽界霊と二人三脚の仲よしクラブで共同生活をするのである。そこで私たちはもっと具体的に、性質、体質、霊質が合致する仕組みの糸を、じっくりと考えてみようではないか。

あらためて簡単な図解を示しておこう。ここまで述べたことの構造は、この図のとおりである。

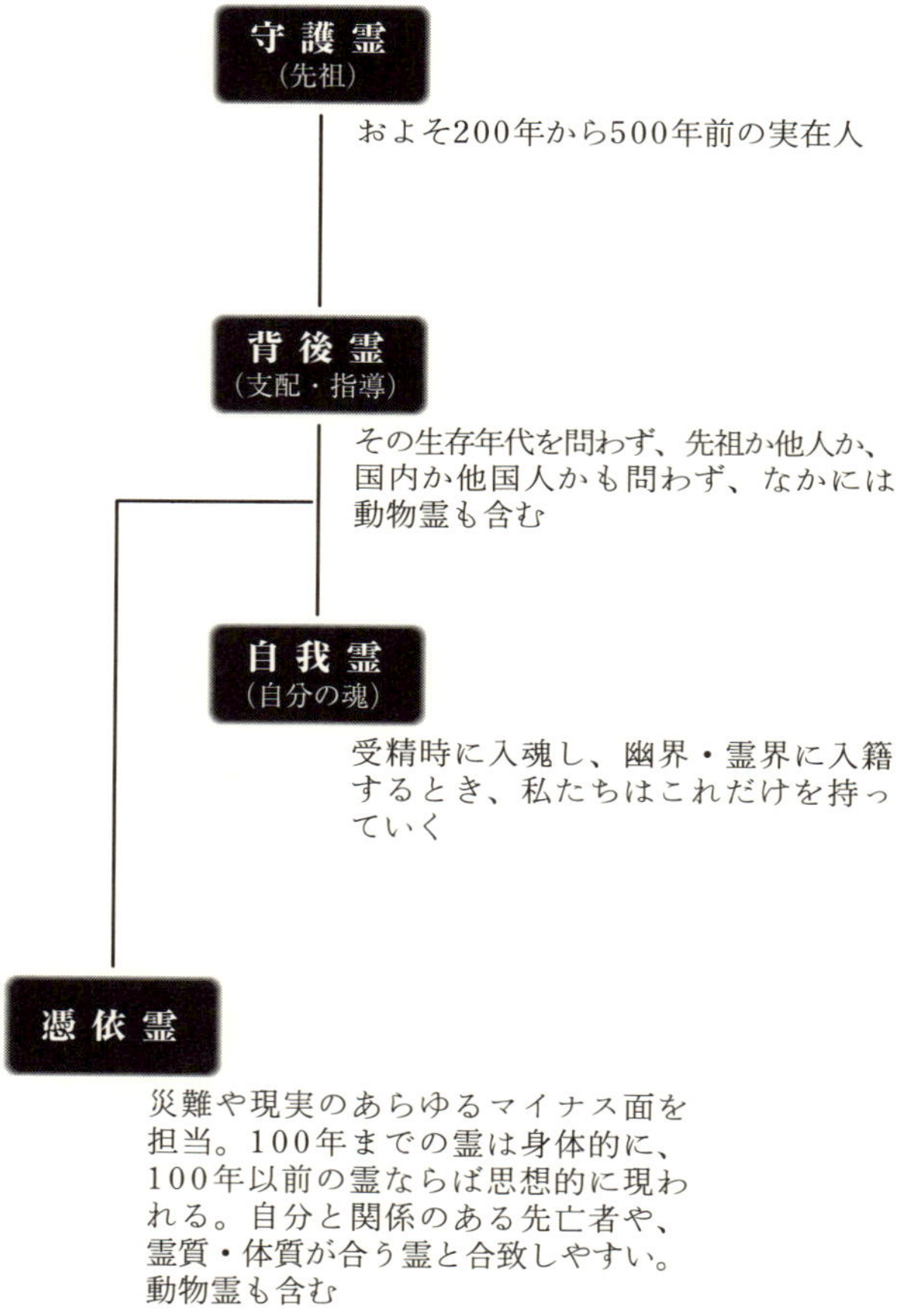
守護霊
（先祖）
およそ200年から500年前の実在人
背後霊
（支配・指導）
その生存年代を問わず、先祖か他人か、国内か他国人かも問わず、なかには動物霊も含む
自我霊
（自分の魂）
受精時に入魂し、幽界・霊界に入籍するとき、私たちはこれだけを持っていく
憑依霊
災難や現実のあらゆるマイナス面を担当。100年までの霊は身体的に、100年以前の霊ならば思想的に現われる。自分と関係のある先亡者や、霊質・体質が合う霊と合致しやすい。動物霊も含む

図で見る憑依霊については次章でくわしく述べるが、簡単にふれておこう。憑依霊が特別な人体を特別に指名する場合、人体が持つ固有の波長がそれに合う霊波を呼ぶ場合、それぞれがあり、よかれあしかれ二波が合致すると、とても相性のよいカップルとなる。それと自分自身に対して、喜怒哀楽や悲嘆の激しい性質の持ち主であれば、高い確率で憑依霊を招きやすい、いわゆる情緒不安定型の人か。

憑依霊と仲よしとなる要素として、だいたいこの三つがあると覚えておけば、まず間違いがないだろう。特に、聞きなれないことばだが、ここには浮浪霊《ふろう》というもう一つの霊がたくさんいる。力がありながら、私たちの身辺には無数にざわめいているから、これには注意しなければならない。浮浪霊はいったん取り憑かれると、輪に輪をかけたマイナスの事態が生ずる。

憑依霊、浮浪霊が肉体人間に取り憑く様子はよく似ている。もともと、肉体を持つ人間も、霊魂の入魂によって形となったので同類項であることを考えれば、すでに現界に出た霊魂がまだ幽界にある霊魂を引きつけるエネルギーを持つのは当然であろう。

ともあれ、私は予想外に多くの紙幅を、人が霊に支配されていることの指摘にとられてしまった。だが、それも正しい知識をどうしても知ってほしいためであって、これぐらいの知識をもって次章にすすまなければ、と思う。

第二章◎憑依霊があなたの日常を狂わせている

憑依霊は「スキを狙って」うろついている

守護霊、背後霊を詳しく説明しなければならないが、その前にまず、「憑依霊《ひょうい》」について説明したい。

憑依霊は守護霊、背後霊より数多くあなたのまわりにいて、ごく日常的にあなたの生活を狙い、取り入るスキをうかがっている。後に説明するように、守護霊は、あまり勤勉にあなたのまわりには出没しないのに、憑依霊は数が多いためいつも現界の周辺をうろついて、すぐあなたと仲よしクラブになるからである。

守護霊、背後霊はあなたのあるべき姿の中でつき合ってくれる霊なのに、憑依霊はそういった理想とはいっさい無縁に、ただ刹那的・情動的にのみあなたを支配して、幸福より不幸、不幸よりもっと辛苦の生活をもたらす。

守護霊、背後霊、憑依霊を、もう一度説明して、本論に入りたい。

守護霊（先祖の一霊）　役目は、守り護《まも》ってくれる霊。霊界に籍を置き精進《しょうじん》に励む霊。

背後霊（支配霊、指導霊）　先祖・他人霊、自然霊、動物霊、時としては「神」とも称する。身心ともにこちらを酷使する場合が多い。入れ替わりが激しい面もある。霊界からも、幽界からもくる。

憑依霊　徹底して人心にマイナスをおよぼす霊。人間界に一番近い霊魂で、死んだことも気がついていない霊がほとんどである。

そもそも、憑依霊とは人心に寄りかかり、乗り移り憑いて、身も心もマイナス面であやつる霊である。この世界は非常に範囲が広大で底深く、その数も実におびただしい。資料は底なしにあり、どこからひねり出そうかと迷うほどだ。一般には、幽界も霊界もひっくるめて「霊界」と呼称しているが、これは厳しく分別しなければ困る。

霊界はすでに自分が死んだことを知り、生前の罪業《ざいごう》を浄《きよ》めようと精進に努める世界である。幽界は、いまだ生前の自分の行動などを追い求めて自分が死んだことも気がついていない世界である。現界の人心を苦しめる張本人が幽界の霊である。

そうした霊が人間を苦しめる例を二つほど紹介しておこう。

あの「売れっ子俳優」に寄り添う憑依霊

元俳優にNという人がいる。以前はかなりの売れっ子で、映画だけでなくテレビのチャンネルを回すとかならずといっていいくらいに登場し、お茶の間を楽しませていたが、急にテレビにも出なくなりだした。その頃、そのNから相談を受けた。

N「なぜ急に仕事がこなくなったのか、原因がわかりません」

私「そうですね、ご自分と芸能関係とのトラブルも見えないし、性格も敵をつくる人柄でもなさそうだしね」

N「はい、敵をつくることは大嫌いですし、事なかれ主義で、トラブルには神経を使ってきたつもりですが、最近はなぜか全体の雰囲気として、皆が私をさけてるような気がしてなりません」

話しているうちに、だんだんと私の霊視にある種の霊像が映りだした。

このNという俳優は、多く怪奇映画というのか、怪談とか妖怪変化《へんげ》もののテレビや映画の主役を演じていた。そうした映画やテレビで、妖怪変化を退治する類の役が多かったようである。多くの俳優、女優さんにいえるのだが、自分がある種の役をもらえば、その役に徹する。それが商売である。たとえば、歴史上の人物を演じる時もそうであろう。

八百屋お七を演じれば、そのお七の心霊が、または、お七霊の生涯に類似した心霊が寄りかかって、女優さんの未熟な演技力をカバーし、助勢して〝熱演〟させるのである。つまり世間でいう〝乗り移った演技〟で視聴者の喝采《かっさい》を求めるのである。

一本の映画やテレビに出演したのをきっかけに、たちまち芸能界でのしあがっていく俳優さんや女優さんがいる。これは意外にも、背後にくる、八百屋お七霊とか、それに似かよった霊が彼らを応援し、心霊らが四方八方から、次つぎと仕事を取ってくるのである。

このように、役者さんに演技力があるとか、その役者さんは売れるというケースは、群霊が背後に居座っている場合が非常に多い。

ところが、背後にいる霊たちが役者さんから離れてしまうと、ただの人どころか、逆に無惨な人生となってしまう。なんらかの手段をとって、この種の背後霊を逃がさないことが肝心だが、売れている多くの役者さんたちは、これを自分の演技力、実力、人気と感違いしているにすぎない。長くとも、四、五年間も経つと、

「はて、あの役者はいったいどこに消えたのだろう」

と、そのうちに話題にもならなくなってしまうのである。

①役柄のそのものの心霊が寄りかかり助勢する

②役柄に類似した心霊が寄りかかり助勢する

③生涯をマイナスに過ごした心霊ならば、やがてかならず、その役者さんの芸能生活も私生活もマイナスの人生となってしまう

④もしプラス霊ならば、役者さんの身辺から離散しないように、常に手段方法をとっていれば役者としての人気の長命はあり得る

⑤もしマイナス霊ならば、そしてマイナスの役柄ならば、仕事が終わるたびごとに丁

重に礼を尽して身辺から離れてもらわなければ、公私ともに予想外の下降低迷線をたどる。

さて、俳優のN氏は、特に①③⑤が該当しているのであるが、霊姿の説明のしようがないほど奇態な動物霊だ。獅子舞いのあの頭《かしら》をご存じだろう。その獅子頭に人体があるという、それが彼に憑いた、いわゆる幽体なのである。

いまだ、この世に現われていない自然霊に属するとも思える、あるいは創造の神の失敗なのか、もしくはもともと奇態の世界なのか、判断に困るが、とにかく、獅子頭に人体がある。考えてみると元俳優のN氏は妖怪変化の映画テレビ出演が多いので、こんな奇態な動物霊が寄りかかってしまったのであろう。

若い女性をおそったのは「八代前の先祖霊」

T市在住のYさん夫婦の娘さんに、二、三年前からボツボツ異常が現われだして、最近は特にひどくなってきたという。霊査を依頼されて、Yさん宅に伺い、五人家族の一人ひとりに、およそ半日ほどかけて面談した。

「月世界から私の妹がきた。もう一人、あまり心のよくない女の子が、いつも私のそばにいる。いつも私と三人で、いろいろと話をしたり、遊んだり、ケンカをしたりする。その心のよくない女の子はときどき怒ったりすると目が吊り上がり口も裂け、歯を牙のようにむきだす。本当に怖い」

当の娘は私にこう訴えた。

霊査して見ると二つの霊が見える。一つはヤミからヤミに葬った、いわゆる水子霊。今一つは流産児霊である。心のよくない女の子とは、その水子の霊で、妹というのは流産児霊の霊象である。これだけならば、まだ特に危険ではないが、この二つの霊の背後に、行者《ぎょう》者《じゃ》くずれの霊が居座っているのである。当人から八代前の先祖のようである。

ところが、Yさんが言うには、「この子から、四代前の人が精神錯乱症のため自家牢に閉じ込められて一生を送ったということを祖父母に聞いています」とのこと。

八代前、四代前、そして現在と、何か遺伝もあるようだし、もっと古い霊がひそんでいるかもわからないが、強烈さからいえば、八代前の行者くずれの霊であると確信したので、その行者くずれの霊を呼び出し、問答をしてみた。

霊「自分ではなにも子孫の一生を誤らせたりするつもりは毛頭ないが、どうしても変なぐあいになるのだ」

私「生前はどんな生活をしていたのだ?」

霊「行者を志して西国《さいごく》巡礼の旅にでたおり、いけないと思いながら、白痴の娘を犯し、二度もみごもらせてしまい、ひどいやり方で、子をおろした」
私「その土地に腰をおろして生涯を終わったのか？」
霊「そのとおりだ、自分の志も、これで終わってしまい、純真な部落の人を集めてあやしげな説法やら、あざむきの呪法で金をもらい、部落の人に養われるというありさまだった」
と、霊は言う。
Yさんの娘が、妹と一人の女の子といっしょにいるというのも、うなずける。また錯乱すると白痴状態となるのもわかる。
私「どうすればよいのだ？」
霊「四国の霊場にこの娘をつれて行き、そこで修祓《しゅうばつ》をたのむ。そしてそこの霊場の籍に加えていただけるようにしてくれ」
早速、当地でしかるべき処置をした。以後、この娘さんは正常に戻って、今はすこやかな結婚生活に入っている。

私が目撃した「死者から幽体」が飛び出す情景

私たちは生きている間には、何回となく葬式の場に立たされる。この時ばかりは、自分をかえりみて厳粛な気分となる。一方、死者にひきかえ自分が死ななくてよかったと、しみじみと感謝の気持ちも起こる。また、この時ばかりは死者の冥福《めいふく》を心から祈る。こんなときに案外、信心《しんじん》が始まる場合も多いだろう。とにかく人生最後の儀式なのだから。

ところが、葬式の場で私たち生きている者の行動を、死者の魂は見ているのである。これは驚きだが、本当なのだ。

私の体験からいえば、病気で伏せっていた人だったが、死期が近づくと二、三日前から病状の悪化が素人《しろうと》目にもはっきりしてくると同時に、その体の周りに、黒いもやもやとした煙のようなものが霊視された。微力ながら霊術をかけてはみるが、その煙は消えようともしない。俗にいう〝お迎え〟なのであろうか。そういう現象が現われると、医術も霊術ももはや効き目はないのだなと思った。

三日目にいよいよ御臨終で、見ていると病人の頭部から、煙状のもやもやが離れて消えていった。まさにその時、息を引きとったと医者が宣告した。その直後に病人と同体のモノがおよそ三十センチほどフワーッと浮くのを見た。これを幽体というのであろうか。昔から多くの人が肉体から幽体となる現象を観察していて、もっと詳しく説明できる人もいる。これが私が見た、人間の死亡時の前後の模様である。

こういう例を紹介すると、幽体というものに対する興味もお持ちになるであろうが、万人が同一ケースではないといわれる。それに、私自身の経験の深浅度から考えてみても、これは乏しい体験で全面的な情景ではないことを前もってお断わりしておく。

幽体とは字のごとく肉体のない体をいう。昔も今も「死んだ父親の姿を見た」というような話がよくある。その時の姿を幽体と考えれば想像が容易ではないだろうか。

姿なき姿だが、夢では見ることができるし、幽界や霊界が必要として現界人に見せようとすれば、まっ昼間でも、幽姿を見た人が多いのはご存じのとおりである。幽体が現実の肉体から抜け出ていくと考えるのは変に思われるかもしれないが、本来は肉体なるものは自分でない自分であって、幽体こそ本来の自分というべきなのかもしれない。

とにかく、その幽体が肉体の三十センチぐらい上に浮かび、離れてしまうのが死の直後の動きであって、続いては幽体がやおら起き上がったり、座ったりする例もあるというからビックリだ。

私の見た時は、一つはそのまま幽体が消え、もう一つは幽体が病人特有のけだるい目つきであたりを見まわして、うつろな姿態のまま自分の死体を見つめ、妻子や孫らがすがりついて泣きくずれているのを不思議がっているようだった。そしてそのまま出ていった。

脇から見れば死者と残された家族との愁嘆《しゅうたん》の場は、見物料が少々高くついても見たいドラマであろう。しかし、霊から見れば、自分の妻が他の男（？）にすがりついて泣いていることの意味は、わかるのだろうか。もしそれがわからなければ、死者から見れば妻が浮気をしていると受け取られても仕方がないその場の情景なだけに、私には一瞬、異様な感覚の場面であった。

こうして「幽体から憑依霊へ」と変化する

仏教説話でご存じのとおり、人は亡くなると肉親に湯灌《ゆかん》をしてもらい、死出《しで》の装束《しょうぞく》を着せられて、そのままの姿でひとり三途《さんず》の川を渡り、閻魔《えんま》の庁に出頭して生からの絶縁を教わり、閻魔帳によって生前の行ないを判断されて地獄送りか極楽往生か、とにかくそうなることになっている。しかし、実際はどうなのだろうか。

どうも私の経験では、これは単に説話であるように思われる。死者がいずれは閻魔の庁に行くとしても、それはずいぶんと先のことか、あるいはそのような万民平等の裁判所的な施設などは霊幽界には存在しないのではないか。

やはり、死者は死後、突然に幽体となって、そのまま霊幽の冥界《めいかい》に投げ出され、それが後々の現界とのコンタクトによって、そのまま幽界にとどまるのか、あるいは霊界に落ちつくのかが決定されるように思う。

仏教ではさらに死後四十九日を中有《ちゅうゆう》の時期といい、死後もこの間は死者の霊が現界にとどまってその家の柱に乗っているというが、私の知る実例では、幽体の動きは死後日が経つにつれてますます行動の重みと動きの範囲が大きくなり、地獄にも行かず、極楽にも行かず、それがそのまま憑依霊の始まりにつながる。

仏の働きがないということではなく、何もなければ平和な現界と霊幽界(ことに幽界)のつながりは、こういうものであるということである。だから逆に現界からいうならば、私たちは自分の肉親の幽体(俗にいう霊)、また今まで有縁無縁の多くの人間の幽体、それに動物の幽体までも、十代前、六代前、また四代、三代、無数の世代の幽体が重なって、私たちを襲撃する状況におかれているわけである。

死亡すれば、後に残るは何もなしとする考え方が、あまりに間違っているので、それを是非くつがえしてほしくて、つい私は多弁になってしまった。だが、幽体とは生前の姿形そのまま、魂だけの世界に住んでいる姿であって、肉体ではなく幽体だから、厚い壁でも水中でも通り抜けることができる。また、幽体が意志すれば京都から東京まででも新幹線よりも速く、幽魂を飛ばすこともできる。肉体などにへばりついたり、簡単に体内へ入り込み、好きな病気をほしいままにすることができるのである。

私の知る範囲では、死後八十年も経っている幽魂が、いまだ霊界入りができないで呻吟《しんぎん》し、脱皮しようとする気力もなくて若い娘に憑依している霊があった。その若い娘さんの私生活の惨《みじ》めさには目をおおいたくなるのである。

憑依霊に取り憑かれた現象は実に多く、種類とかその現象の区別もしにくいほどに重なって肉体をむしばみ、身心をあやつるのだが、この娘さんの場合、その幽魂は、「この娘はワシのものだ」として、好みの男があれば、その娘を抱かせては幽魂の欲望をとげさせた。この娘に取り憑いた幽魂は、生前、月経時によく万引きを働いたらしく、この霊に取り憑かれた娘も、中学生の頃からデパートやスーパーなどでしばしば万引きを働いていたという。

今、二十歳の若い身で刑務所暮らしを送っているが、これもやはり、月経時に放火を働いたからだという。刑務所内でも、同室の女囚に異常な同性愛的行為を求め、所内でも評判がよくないとの話を担当の婦人刑務官から聞いた。

この例でもわかるように、霊がただ一念でもって肉体を虜《とりこ》にするのは少ない。一霊が三念も四念も持ち、そのうえ、五霊も十霊も、一人の人間の身心に寄ってたかれば、現象はどういうことになるか。推《お》して知るべしだろう。それでは以下に、欲劇、悲劇、寂劇、失敗劇、怒り劇、快楽劇、争い劇などの例を示そう。

「ギャンブル狂い」に取り憑いていた「死霊」

人間が生きている間におそいかかるマイナスの出来事は数多く、避けることもむずかしく、数えあげることもできないほどに際限もないけれど、そのはかないさまは、ぬぐおうとしてもぬぐい切れない。そこでこうむる人生の恥辱《ちじょく》は、いずれの場合も情けないものである。

ある幽体が生前に悲哀そのものの一生であったとする。人におさえつけられ騙《だま》され、寄るべもないほどの悲しさといえば、比較的、若死の霊が多いと思われる。肺病（結核）で早くから病床に伏せったままで、現世で思うような活躍がなかったとか、人並みな行動をしたい、いろいろな日常生活がしたかった想念が、いついつまでも自分の魂にくぎづけされ、死後もその想念は消えない。そのはかなさ、悲しさが、いよいよ肉体がなくなり幽魂となったあかつきに、かならず憑霊現象を起こす。心身症、躁鬱《そううつ》病などの神経障害、結核、膠原《こうげん》病などの肉体障害、また日常的に妄想を追い求める変態的性欲などがそこにかもしだされるものと考えたらよい。

人生に寂寥《せきりょう》感を持つ幽魂も、この悲魂に似かよった現われ方である。いったん取り憑かれれば、ひとり寂しい生涯を送らねばならず、なおも生き続けることはわずらわしさが加味されるだけだ。身寄りのない、野たれ死にをした幽魂がそこに働いている。昔、流浪《るろう》の旅の途中で死んだとか、夫の後を追った後家《ごけ》さんとか、老境にあってひとりポツネンと過ごし、枯れ木同然に他界した霊などが多くその働きをする。

これは心身症や躁鬱病などと同じに考えられがちだが、「何をしてもうまくいかない」「気がのらない」など、慢性的な自律神経の失調症で、とにかく身辺に何ひとつとして豊かさ、にぎやかさがなく、張り合いがない人生である。世をはかなんだ霊だから、これにかかるといつも心気が灰色のように暗いのが特徴である。

また、失敗をくやむ霊も、星の数ほどひしめいている。事業が倒産したり、賭け事のツケがたまり、田んぼ・山・畑をみな犠牲にしてしまった。わが娘や妻を心ならずも借金の抵当にした。故郷の土地にいられなくなって、うらぶれたホームレスになってしまったり、村八分的存在となり一生さげすみの生活を送ったなど、死霊たちは生前の自分の失敗や難事の妄念に強迫され、焦り、もがき、苦しみあえいでいる。そのために、なんとか汚名なり失敗を挽回しようと、いきおい肉体人に取り憑いて、苦難の巷《ちまた》をあくせくさせる結果がお決まりとなってしまうものだ。バクチ・競馬・競輪に狂う人たちを霊査すると、その大半にはこうした失敗霊が憑いている。

「うちの主人はバクチが好きで困る」「息子が競馬狂いで」と、意見したり、なんとかやめてくれと願うなら、同時に幽魂を納得させる方法もとらなければ効き目がない。憑依霊ならば特別の処置が必要だ。

憑依霊が「怒りっぽい性格、強い自意識」を生む

次に怒り霊だが、なんでもかんでも怒りっぽい人、日常茶飯事のように怒る人は、日本国じゅう、ウヨウヨしている。憤懣《ふんまん》やるかたないという気持ちで毎日を送っている人は、

一応元気さはあるが、頭痛や肩凝り性を持病とする人が多い。先祖らの怒りが取り憑いた乱れとみるのが適切である。

早く先祖の心を和らげる方法を、本人自らがとるべきである。仏前で般若心経《はんにゃしんきょう》や自分の好きな経文《きょうもん》をとなえる、心気の和静を養う日夜をおすすめしたい。怒りっぽければそのままでいると怠惰《たいだ》に流れ、失意の老年を送る。能力があるのに他人から認められるまでに至らず、天性の寿命を自分で短くするのが大半である。

怒りっぽい人は頭痛や腰痛などの持病が多く、そのほか自分で気づかない潜在的な疾病《しっぺい》も検査する必要がある。関係する霊性がそのように大きくその人をゆさぶるのか、あるいは他に原因でもあるのか。怒りっぽい人にはもう一つ、特にその憑依霊自体を陰で酷使している別の霊が存在するために、憑依霊が腹立たしく情けない気持ちを現わしているともいえるようだ。怒りっぽい人が怒りだし、手当たり次第に近くの物を投げつけ荒れ狂っている場に、同じ姿態の幽体と、今ひとつ、ジーッと冷たい目でその幽体を睨《にら》みつけるモノノケの姿を見たことがある。その仕組みはけっして単純ではないようだ。

怒るのではないが、なんでもかんでも人の心や言葉を疑い、先走りに考え、曲げて物ごとを受け取る人がけっこう多いのは困る。こんな人はいったんつむじを曲げると処置なしだ。嫁いびり、姑《しゅうと》いじめなどその典型で、こういう人はいつもくさくさして思い悩んでいる。家庭内だけなら勝手だが、往々にして世間をわずらわせる。近所、知人に何かあると、先知恵を働かして曲解《きょっかい》し、あらぬ言語、行動にでるたぐいである。

このような人に、あなたも迷惑した経験があるだろう。犬の嗅覚《きゅうかく》のように、物ごとの情報をさぐりだす能力が妙に発達していて、持ち前の曲がりくねった癖で自我流の答を出し、隣近所、町内、世間にじめじめと浸透させる。私設新聞、ラジオ放送局のほかに興信所もあいつとめ、肉づけをし、尾ヒレをつけて、実に巧みに演技をし、相手におしつける。こんな人物に接すると、思わず吐き気をもよおすものである。

このような性格、行動を起こす人物の背後を霊視すると、お岩の幽霊のような奇態な幽体と、二、三体の曖昧模糊《あいまいもこ》とした、姿が出るか出ないかのような淡い影がチョコマカとする幽体群を見る。私でもこんなのは気味が悪い。こういう人の特徴は自我意識が強く、反省の色などまったくなく、常に自分は正しくて情にも厚く、言うならば正義の味方と考えているのだから世話がない。

また、快楽霊については後に詳しく述べることにしよう。

以上が憑依霊の大体の主要な顔ぶれになる。断わっておくが、現実にはこれらが一種類ではなく、多種が同時に憑依しているので、霊視でも、一度にすべての霊に会えるわけではないことを常に念頭におかねばならない。

憑依霊をあやつる「眷族霊」の祓い方

これらの憑依霊を直接的にあやつっている霊があることも説明しておこう。今度は別のことばで説明する。

生前に病弱であった人が苦痛に耐えかねて、ワラをもつかむ思いで道ばたのお地蔵、あるいはお堂や寺とか、神社を信仰したとする。ところが本人が知らないうちに、その霊場の低級霊の虜《とりこ》となってしまう場合が多い。病弱の人は生涯、低級霊に酷使されることを、その時、霊的に〝契約〟するのである。

心霊学ではこれを「眷族霊《けんぞく》」という。眷族霊に取り憑かれると、人生のすべてをその霊の配下で自滅的生涯として終わり、霊界に入籍してからは、ますますその子分的存在を発揮するのがさだめである。借金をした相手に頭が上がらず返済に苦しむように、憑依霊の何割かはこのように眷族に苦しめられている霊で、こんな霊と仲よしクラブでは人生がだいなしだ。

だが、「人には取り憑きたくない」と自覚して苦慮する精霊もなかには少なくない。だから、日常の何げない生活の中で、いとも簡単に涙を流す人に出会うと、その背後に対して私は同情に堪えない。なぜならそこには、眷族霊とそれに苦しむ精霊が感じられるからだ。なんとか勇躍して、邪悪な眷族霊から離脱していただきたいものだ。
同時に、感情にすぐさまひびく涙流し型のあなた自身に対しては、その憑依霊と力を合わせて鋭意、専心の行《ぎょう》を必要とする。いったいどうしたらよいかといえば、古来からの神典書を引用して説明したい。

「(前略)願わくばこの現身《うつしみ》をみてしろとして直く正しきみ教を天の下、四方《よも》の国に伝へしめたまへ……(後略)」

この祝詞要文《のりとようぶん》を一心に誦《しょう》するのである。これはただいま、自分が肉体生活に激しく苦しみ迷っている状態を諸精霊らに、よく見て悟ってほしいとする祈願文で、先祖・先亡ゆかりの諸霊が現在、私に寄りかかっていて、私は激しく苦慮し路頭に迷うありさまだが、それも諸霊をあやつる幽魂(眷族霊)が元凶となっているということを憑依霊に悟らせる大切な祝詞である。

ところがむこうの肝心の幽体も、「お前が勝手にワシに波長を合わせてきて勝手に苦しんでいる。ワシのほうこそお前の肉体の不浄がきて苦しいんだ」と、わめいているばかりで、どうにも眷族霊の仕業に気づいてくれないことがある。卵が先かニワトリが先か、こうなると傍から見れば笑いが止まらないのではないか。二人(?)の争いを前に、眷族を指差して「あなたはさぞかし、おもしろいことでしょう」と言わざるを得ない。

憑依霊は、まるで自分が二日酔いのように、自分の体であっても思うように身も心も動かないばかりか、辛いともらしている。「お前たちが勝手に波長を合わしている」と――。

まさに肉体人間どもはここで深く考え、こちらが事態是正に精進しなければならない。これでは幽体も自分も肉体も、ともにマイナスのもちつもたれつで、肉体なき幽波は人間様のようには欲求に身をもって徹することができず、私たちの想像する何十倍ももだえ、もどかしく、気の毒きわまりない存在だからである。肉体人間自身がこの時は眷族霊の呪《じゅ》縛《ばく》をはずす思考行動をとることを必要とする。つまり前述の祝詞をくり返して誦し、怒り嘆き悲しみの事態の時こそ思い切って娯楽や趣味に徹する時間を持つか、身を正しい霊場に置き、しばしばその幽波の辛苦を慰労する方法をとらねばならない。霊場とは普通は神社や寺であるが、自家の墓や、菩提寺《ぼだいじ》の本堂も心静まる。

座禅行や写経も古来、憑依霊を慰める効き目が大きいといわれている。わが家の仏壇ももちろん効能十分であるが、自分の気持ちを変えるだけの意味ならば、テレビを観るのも適量のアルコールで神経の刺激をいやすのも、効用があるだろう。しかしそれではいっこうに憑依霊は慰められないが……。

眷族霊の話がつい長くなったが、これら眷族霊に対して憑依霊を力づけることは、同時にあなた自身を力づけて、眷族霊とは無関係の一般の憑依霊からも、あなたを遠ざける方法として通用する。憂鬱《ゆううつ》だとか、イライラして腹立たしいとか、その他諸事情のかんばしくない事態にでくわしたら、直観的に悟って、気分転換の行動をするのが最も手早い方法である。

「狐狸《きつねたぬき》のしわざの憑依霊現象ですから、これを追い出す必要がある」とか、「何代前の先祖さんの因縁《いんねん》だから仏事を施さねばならない」などの抹香《まっこう》くさいしきたりは、間違ってはいないが万人向きではないし、効果も疑わしいことがあるからだ。なかには、百万遍《ひゃくまんべん》ほども「ナンマイダ」を唱えたり、身にあまる金銭を寄付したところで、答は馬鹿をみる場合もある。なぜなら、くだんの幽魂とよく対話して、意思の交換による説得とか納得の方法をとるのは、それが最もよい手段ではあっても、それには仲立ち、取り次ぎの霊媒師が問題だからだ。優れた霊媒師につければいいが、心の隅から隅まで晴れわたるような説明をされても指導がおぼつかないために、苦い経験を持つ人も多いだろう。

一羽の雀を百発の弾丸で撃ち落とすのでは無意味である。弾丸の代金が百倍余計にかかる。まして的の雀以外に傷つく周囲の損害を考えれば、被害にあった者はずいぶん迷惑である。荒れ、傷つき、さいなまれることすら考えられる。そこからまた、新しい因縁が始まりもするのである。

とにかくむずかしいのが、この世と幽界のつながりである。いつも静かな心気で、もし波風の立つ事態が起きれば、これに耐え忍ぶ訓練をいつもつちかうことが大切ではないだろうか。自分の霊格を上げていけば、低迷する幽魂や幽体にぶつかる確率がうんと低くなるといわれている。熱考に値すると思うが、どうだろう。

つまるところ憑依霊は、人間世界の紙一枚隣りにいつも存在している。思いを凝らして肉体に寄りかかる霊と、人間がその時どきの心情によって呼び寄せてしまう霊と。

最後に、生活の環境による憑依の例、すなわち家・屋敷にたむろする霊にも、人間は大きくつながりがあることにふれておこう。家・屋敷霊は、第五章で詳しく説明するが、とにかくやはりこれが人間に憑依することもある。

自分の性格つまり自我霊と、この憑依霊との関係はどうだろうか。すなわち、持って生まれた自我霊の作用も強く憑依霊に働きかけるから、すべてが霊因で割り切れるとは言い切れない。

肉体人間が本来持っているいわゆる自我霊、つまり人間性や性質などが八〇パーセント以上も原因となって憑依霊を招いているといえるのである。

最近はテレビや映画でも、霊事の話題がつきないほどにぎわいを見せているが、聞いていると霊現象の原因がすべて、むこうの世界にあるかのように見受けられる話が多い。これは大きな誤りだ。原因はこちら側にもたくさんある。このような短絡的な解釈に、静かな怒りを感じるのは私のみだろうか。さぞかし霊幽界側は、これでこと足りると、したり顔で霊幽界を絵解きして見せる最近の風潮に、にがにがしい思いをしていることだろう。

第三章◎あなたにも守護霊が憑いている

守護霊は「あなたの先祖」の一人である

守護霊は、文字どおり人間を守護する霊魂であるから、この章は、書くにしても読むにしても、安心して楽しめる。

守護霊とは、幽界の迷いの世界を通り抜けて、精進《しょうじん》の世界、悟りを開こうとする世界、そして生前の自分が犯した罪業《ざいごう》を償おうとする世界、つまり幽魂の成仏《じょうぶつ》できた世界にある霊のことをいう。したがって俗にいう神や、仏や、菩薩《ぼさつ》などと尊称する方がたのことではない。逆にそうした方がたに仕えて、激しく鋭意努力しなければならないのが、本来の守護霊の身分であって、多忙きわまる世界でもある。

「神は忙しい」とよく霊示をいただくが、この種の霊示は守護霊界程度からのもので、これらが現界と幽界の用事、そして神仏霊界に取り次ぐ役も持っているようだ。守護霊は間違いなく自分の先祖であって、三百年から五百年ぐらい前の実在の人物である。時にもっと古い人物も、逆にもっと若い年代の守護霊もいるが、普通は三百年～五百年くらい前が多い。

系図に関心のない現代にあっては、五代も前の先祖はまったく不明のことが多い。また、それを探したり調べたりするのもむずかしい時代となってきたが、幸い菩提寺《ぼだいじ》とか、自宅の仏壇に古くからの過去帳でもあれば、この年代程度ならばさかのぼって知るのも不可能ではない。一代を約三十年とするのが普通の計算だから、三百年前ならば十代前、五百年で十六代か十七代前となる。すなわち十代、十一代、十二代、十三代、十四代、十五代、十六代前の先祖の誰かが、自分の守護霊といってよい。図示してみると、次のような数になる。

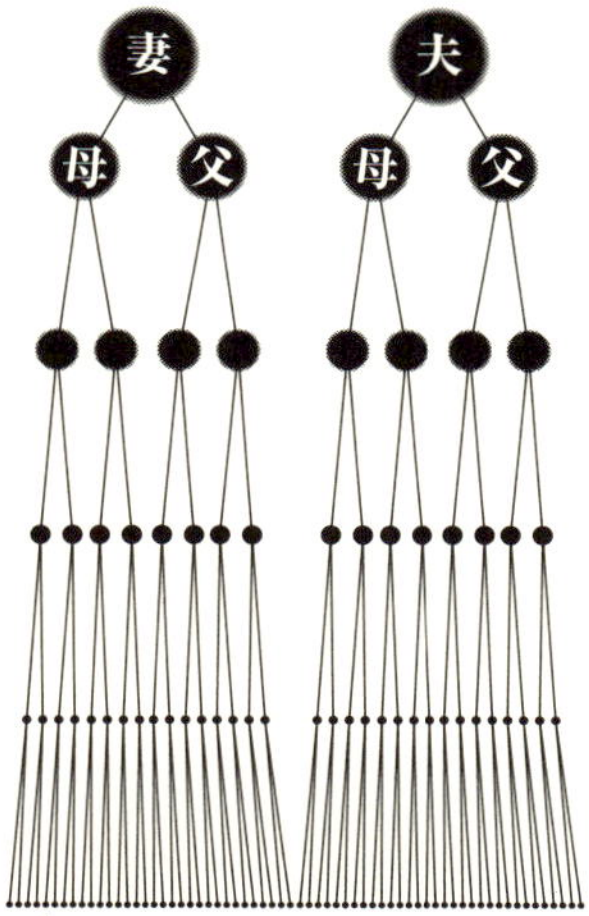

	1代前	4霊
	2代前	8霊
	3代前	16霊
	4代前	32霊
	5代前	64霊
約180年前—江戸時代末期	6代前	128霊
	7代前	256霊
	8代前	512霊
	9代前	1024霊
約300年前—関ヶ原の合戦前後	10代前	2048霊
	11代前	4096霊
	12代前	8192霊
	13代前	16384霊
	14代前	32768霊
約450年前—安土桃山時代	15代前	65536霊
	16代前	131072霊
	17代前	262144霊
	18代前	524288霊
	19代前	1048576霊
約600年前—室町時代	20代前	2097152霊

わずか六代前、およそ百五十年から二百年ぐらい前で、百二十八人の先祖がいることになる。七代前で二百五十六人。つまり一代で倍増の計算が成り立つわけで、試みに数字に強い人は五十代前まででも計算してみてほしい。数字が示すように何十万人もの先祖を、日夜、私たちはいただいて、何十万人の先祖の功徳《くどく》のおかげによって生活をしているのだ。また逆に星の数ほどの先祖たちから、因縁《いんねん》や業《ごう》を預かって生活している今日である。

因縁などを馬鹿にする人でも、この数字には考えこむのではないだろうか。三代前でもすでに十六人の、直接血のつながる先亡霊がいるとすれば、その十六人が、生前けっして同じ性質や癖を持っていたわけではないし、同じ生活をしていたわけでもないと思う。聖人君子を地でいく先祖もいれば、女や金やバクチで田畑を失くした先祖、まっ正直に生きつづけながら社会に容《い》れられなかった先祖もいよう。事故や戦乱で急死したとか、長期の闘病生活のあと死亡した先祖もいると考えれば、それはさぞかし、それぞれ癖の強い霊生活を送っているとわかるであろう。

「眠っている守護霊」は今すぐ叩き起こせ

さて守護霊だが、このびっくりするくらいの数の中で、たった一人の先祖だけが自分の守護霊であり、それもだいたい十代から十六代前の頃までの先祖であることを述べた。そして現代のあなたが男であれば、男の守護霊、女であれば女の守護霊であると考えてよい。おおむね、その霊の生前歩いてきたもろもろの道や癖、性質などがあなたに似ているはずだ。そのうえ、守護霊は人間生活の中で守り護《まも》ってくれる実にありがたい存在であって、あなたが病気をしないよう、災難にあわないよう、慈悲《じひ》の感情を持った魂である。

私たちの本当の味方は守護霊しかいない、そう言い切ってもけっして間違いはない。それほどに守護霊は尊く、ありがたいものである。

ところが守護霊がみな同じように偉く、高い霊力を持ち、そして万能なのかというと、それは全然ちがうのである。大きな声では言えないが、守護霊は力乏しく、学問・識見の程度も低く、一能さえあるのだろうかと思うような守護霊が多いので、その限りでは実に悲観的にならざるを得ない。またこれも内緒話で、彼らに聞こえたら私は困るのだが、ついでに一言そっとささやいておかねばならないのは、その守護霊があなたの守護霊であるのかどうか、気がついていない霊すらいることである。ずいぶんのんきだと思われるだろうが、事実、それが守護霊の性格である。

ではあなたに対して、その守護霊の力関係、そのつながりはないのだろうかと質問や疑いが出るであろう。が、実はそうでもない。全力投球で守護する霊力が八〇から一〇〇の力とすれば、その一〇パーセントから三〇パーセント程度のエネルギーしかあなたには伝わっていないということである。すなわち守護霊の力の絶対値はずいぶん大きくても、その有効値は逆に、非常に乏しい。自動車を動かすガソリンに不純物を混ぜた状態と思えば、エンジンの機能や、その力とか有効エネルギー率とかで、車がどんな程度に能力を発揮するかを考えれば理解してもらえるだろう。

どちらにしても守護霊はエンストに悩み、時には脂汗を流してエンジンをかけながら、あなたを守護している。大変だろうし、脇から見ればそれは気の毒で滑稽《こっけい》かもしれない。思うようには能率が上がらないから、前述のように言ったのである。

私たちの身近にもそんな人が多い。日々しかも長い年月あくせくしながらいっこうに芽がでないで気の毒、滑稽としか目や心には映らない人びと、何をしても成就《じょうじゅ》、成功しない、しかも願いがいつもうらはらとなってしまうあなたであるとすれば、それは眠っている守護霊を叩き起こさねばならない。

守護霊はこの世でたった一人の力強い味方であるが、ただ、その頭脳程度や力関係は千差万別の霊である。

ではもう一度、守護霊とは何かを個条書きにしてみよう。

①成仏し、清浄界をめざしている霊
②三百年から五百年前、十代から十六代ぐらい前までの先祖の一人
③びっくりするほどに多い先祖の数のその中の一人

④生前に歩いた生活とだいたい同じ人生を歩く子孫を守護する
⑤性質や癖などが、守られる当人とよく似ている
⑥力関係や霊位の程度は千差万別である
⑦守護霊であることを知らない場合もある

こうして特徴を並べてみると、いかにも人の好《よ》さそうななかに、守護霊が自分が守護霊なのかどうか知らない問題など、いかにものんき、横着で無責任だなと思う。また霊界の仕組みはいったいどうなっているのだだと、不穏な考えもしたくなる。だが答としては次のとおりである。

すなわち、

①自己の精進に鋭意のために、
②多忙をきわめるために、
③その他に課せられた役務のために、
④自己の霊波と守護する肉体人間の性質とが、あまりにも波長が合って、合いすぎるために、守護霊は一見のんきに見えるのである。

なかには性来の、のんき、楽天性の持ち主もまじりはする。が、おおむねはこの四項に尽きるであろうと推測している。というのは、いくら気がつかない守護霊であっても、霊

界の曲げることのできない掟《おきて》によって、知らず知らずでも強い霊線で両者がけっこうつながっているからである。そのあたりが守護霊はおもしろい。

守護霊の生前の罪業の一つが、ある時期にある人をおとしいれ、泣かせたとしよう。その所業を悔《く》いて懺悔《ざんげ》の努力に精進している時には、直結された肉体人間もまったくそれらしき感情・動作が、身辺にかもしだされるものである。さびしさ、あわれみが忍びよって、たそがれ時の慕情になったり、一所懸命に人の世話をしたり、そうでなくても何ごとかに集中する行動や生活となる。まちがいなく、このような雰囲気に肉体人間はひたり切ってしまう。

しかし、他の背後霊や憑依霊と違って、肉体や心気をさいなみ、酷使し災苦にまで持ち込む危険性は絶対にないのが守護霊の特徴である。危険な霊因性は、背後霊や憑依霊にある。だから守護霊とは、ありがたい存在として交流を強めなければならない。

守護霊は「生まれた瞬間」から決まっている

次に、守護霊の力や霊位の程度が千差万別であることを考えてみたい。

現代は、猫も杓子《しやくし》も平等を望み、口を開けば、特に物質面の平等を主張する社会である。隣人が月給百万円、わが家とはかなり金額に差があるとすれば持ち前の平等精神の面からもうらやみ、やっかみ、ねたみとなって、それがまた人間欲望の変形となって現われる。同学年の子を持ち、Aさんの子は成績がよいが、それに比べてわが子は劣るとすれば、そこにひがみも出てくる。

守護霊には出来のよしあしがあり、完全ではないから、当然、人間の頭脳にも出来の精粗や、得意・不得意があるのは仕方がない。生前のあり方も影響するし、階級的な差異もあるのだから、当然肉体人間への影響にも明暗が現われると考えられるが、どうだろう。守護霊が千差万別であるならば、必然的に平等主義を唱えても、わめき散らしても、そこに差異が生じるのは致し方のないことだと思う。深くため息をつきたくなるのは、私ばかりではあるまい。

人間生活にある貧富、明暗の諸相。こうしたアンバランスを恨むならば守護霊をうらむ心気にもなりかねないが、ところがむこうの世界にはまたむこうの世界の苦労があって、守護霊にこのことを訴えても、おおむねは「何を申しておる。ワシのほうから慈悲のまなこで、ああしてはならぬ、こうしろと、日夜間断なく教え導びいているつもりが、いつもお前のほうの受け入れ態勢がでたらめなので、こちらこそ迷惑千万だ」と叱られるのが大方のようである。

世間では、マスコミが「守護霊をいただけ」とかまびすしいが、守護霊はいただくまでもない。一人ひとりに、守護霊はかならずしっかりと存在しているのである。もったいぶって祈祷師や、霊媒師が人びとの守護霊を迎える儀式をするとすれば、まったくの噴飯《ふんぱん》ものである。

もともと、本来の守護霊は、生まれ落ちると同時に無料で先祖から頂戴しているのだから、いまさら高い金を払ってむだづかいをする必要はない。ましてや守護霊を買い求めるなど、そもそもはなはだしい間違いだ。間違いが迷信となって、一身ばかりでなく、家も社会も、先祖までも勢力争いの対象となっては困るから、もし守護霊迎えの場に立たされたり、すすめられたりしたら、是非とも私の言葉を思い出していただきたい。もちろん、守護神と守護霊とをごちゃまぜにしてはならない。守護霊は、自分の先祖であることを肝に銘じておかねばならない。

「あなたの守護霊として観音さんをお迎えしました」とか、不動、弁天、龍神、稲荷眷族《いなりけんぞく》を「守護霊としてお迎えしました」などというのは〝まっ赤な嘘〟である。これらを「守護神として迎えました」とするのも、同じくいかがわしい限りであろう。

本来の意味の病気にならぬよう、災苦にさいなまれぬようにと、もろもろのマイナス面を防ぐのが、守護霊の本来の姿でなければならない。人体を支配するのではなく、導き、こき使う場面もまずない、それが守護霊である。しかし不動、弁天、その他諸霊は、これは支配、導き、酷使専門の霊であるから、二つは必然的に違うのである。

この点をよくかみしめておいてほしい。そうでないと、次章からの背後霊とか、神とか、仏とかの説明がだんだんとわからなくなる。

守護霊にも、種々雑多な、いわば階級があり、それぞれがめざす目標も違う。ちょうど、私たちに親がいる(またはいた)、ところがこの親たちも子を思う親心に変わりはないとしても、実際その内容は一人ひとり違っている。子を思う気持ちの深浅、広狭、優劣、明暗があるのは否めない。

一般に守護霊も、偉いとか完璧に近い霊格者であって大体において強い力の持ち主と誤解されやすいが、どっこい親心と同じように、それにも深浅、広狭があるのである。そして生前の自分の業《ごう》を激しく禊《みそぎ》をするためにつとめているのが真実のようだ。その存在の根元が、守護霊とこれらの神霊とでは、まったく違うのである。

ところで守護霊という先祖が、どのようなスタイルで肉体人間と合体するのか、その約束事となる発祥の説明だが、これは自然の摂理《せつり》の仕組みとしか言いようがない。ちょうど親に子が生まれるとき、親もどんな子が生まれるのか、女の子か男の子かわからず、とにかく自然の摂理によって子が生まれるというしかないように、守護霊も特別にあなたを求めたのでもなく、むろんこちらからもこの霊をと望んだわけでもない。とはいえ、ある一面から覗《のぞ》いてみると、生年月日、誕生時間にやや関係はあるようだ。

子どもの生まれ出る日時が、その守護霊と触れやすい時間帯であった、母の胎内にいるときの自分の霊質と守護霊の霊質とが相似した場合などは十分に考えられる。先祖霊も浄化された修行霊となると、かならず子孫の守護霊に課せられるのである。自分がどの子孫の守護霊となるかはわからない場合が多く、それに好みも自由ではないようだ。

とにかく自分の当てはまった時に生まれた子孫に、自動的に守護霊となるといわれている。そして、当然守護霊の性格・体質も類似し、生前とほぼ同じような人生を歩く。守護霊の役を与えられるのはいつになるかわからないが、その霊に課せられた日時があり、その時生まれた子孫と二人三脚となる。おおよそ、三百年前ぐらいの先祖が多いと思える。

それに、産土神《うぶすな》、つまり物ごとを生む、つくる、エネルギー源の作用が、二つの間に働いているのではないだろうか。自我霊と守護霊とが一場で面接をして「あなたを生涯尊敬しますので、以後私の一生を面倒みてください、いく久しくよろしくお願い申します」「うん、よし。ワシもお前が気に入った。ここに太い綱でもって結び合い、お前を守り護りましょう」などの対話、交渉、約束の言葉のやりとりはまったくないのである。言うならば、勝手にできあがったのである。

とはいえ、途中でこの関係に契約破棄などの事情は絶対ないのだから妙である。実の親のように、わが子の放蕩《ほうとう》にほとほと疲れ切って「勘当《かんどう》」の宣言をしたりすることは絶対にない。それに守護霊は一対一のお交際《つきあい》だから、その可愛いがり方に差別はない。親なら、四人五人わが子がいれば、憎たらしいのが一人ぐらいはいるものだが。

また、自分と守護霊の二者は一心同体でもない。そのようにも聞こえるが、そうではないのでここが厄介なつながりである。つまり、守護霊は、常にこちらから交流を必要とする霊である。そして自分がその心づもりでいなければ、とうてい働きはおぼつかない。

こちらの霊線が弱ければ、向こうの力も乏しい。反対にあちらの霊線が弱ければ、こちらは他の、いわゆる背後霊なり、憑依霊なりの、邪霊の巣窟《そうくつ》となってしまうのである。

守護霊は守り護ってくれる防御一点張りだから、意識して守り防ぎがなければ、肉体も心気もオープンとなり、変てこな霊、下卑《げび》た野心の霊などが自由自在に出入りし、あなたの身心を使うだけこき使い、甘い汁を吸うだけ吸って「ハイ、サヨウナラ」と、礼も言わずに去っていく。あらゆる災難、苦厄、障害、絶望など、さながら生き地獄を置きみやげにするのである。

「サラリとした人生」で守護霊を働かせよう

守護霊の存在の尊さ、ありがたさをしみじみと胸中にしなければならない。そして常に強い霊線でもって守護を願い、交流を密にしなければならないことになる。

ではどうすればよいのだろうか。こと守護霊との交流が要点ならば、かならずしも抹香くさい施法は必要とはしない。

世間では専門家が抹香くさい施事などを強制することがあるが、それが要を得て的を射ているかどうかはまったく疑わしい。なぜなら、比較的無信心に近い人——一年間に神社には初詣だけ、お盆にお寺や墓参り、それ以外はめったに手を合わせて拝むことがないような人——でも、意外に出世なり成功なり、とりあえず平和に暮らす人や家庭は多いではないか。「さてこの事実はどうしてなのか、さあ返答せい」と詰問《きつもん》なさるだろう。ところがその返事は簡単明瞭、あっさりしたものなのである。

巧まずとも努力せずとも、自然の摂理で、その人と守護霊が強烈に密着し、お互いの働き合いが可能となっていれば、無信心に近い人でも会社の部長になったり課長におさまったりするのである。結局は、部長人間や課長人間が偉いのではない。自力のみで昇進したのではない。それだけ激しく守護霊が立ち働いているためである。

人間誰でも自分の一生は一〇〇パーセントの長寿があるのか、あるいは三十年間か、二十年間か、もしくは四年、五年の余命なのかもわからない。そのあたりのことは神霊の知るところで、実は守護霊も詳しくはわからないはずである。ところが、なんにしてもこのような課長、部長は、わりと人生の辛苦が少なく、自分でもあまり生活にあくせくせず、出世する場合が多い。

あなたも、よく思うことがあるだろう。「あいつが課長になるなんてもってのほかだ」とか、「あんな人が部長だなんて、なんと風態の劣る」などと思うことは多いのではあるまいか。しかしそれも、実はこのような人は人生ガッつかず、あたかも天を深く信じているように、いつもマイペースでいるものである。そして、自分が劣っているとも、優っているとも思わずに暮らせる。

私も実は多日多年にわたって、自分へのおくやみを味わっていた一人だったが、守護霊や霊界の仕組みが納得できた今では、平気の平左《へいざ》になってしまった。というのも、守護霊はこういう心境のところで、いちばん働いてくれるからである。そして、ここまでくれば日々安気であり、さぞかし長生きもすることだろう。

誰でも人の子、ちょっとでも長く娑婆《しゃば》に生きていたい。簡単には先祖・先亡になりたくない。しかし、守護霊に対しては心配事に限らず、諸般にあって――むろん快楽とか、レクリエーションも――何もかも、過度はよくない。オーバーヒートした場合は惨《みじ》めである。入浴でも、自分の好みに適した湯温がよく、熱すぎても、ぬるま湯でもいただけないように、守護霊にはその働きに寄りかかって喜怒哀楽をほどほどに考えているのがいちばんである。

物ごとすべて、凝り固まるのは愚の骨頂と思う。酒席の場でくどい酔客をさらりと上手に受け流すプロの女性の見事さには感心する。同様に、人生はサラッと送るのがよい。サラッとした雰囲気の積み重ね、守護霊に通じる大切な要素とは、このサラリサラリなのである。

人生での成功には「守護霊とのつながり」が必要

あなたの守護霊は誰か、の問題で、この章のしめくくりとしよう。

およそ三百年から五百年前の先祖、十代から十六代ぐらい前のあなたの直系で、当時の実在の人である。菩提寺の過去帳で先祖の戸籍調べができる家は、過去三百年ぐらいはさぐれる。また系図などの言い伝えのある家も幸いだ。

しかし、私などの例のようになると実にお粗末過ぎる。分家の三代目で、いちおう両親と祖父母は顔見知りであっても、それから先はまるで不明に近いからだ。菩提寺を訪ねて過去帳を見ても、わずか六代前までしか記載されていない。それ以上は親父やじいさんの言い伝えも定かでない。こういう場合はどうするか。いきおい霊能力者に霊査をたのむしかないように思う。

ところが近くによい霊能力者がいない場合でも、一条の、しかも一番確かな望みがある。守護霊はあなた自身と性格や体質がよく似ていて、ほぼ同じような人生を歩く場合が多い。時としては姿や形がそっくりそのままである。とすれば驚くだろうが、ズバリ過去にいたなら、それがあなたの守護霊なのである。名前がわかって呼びかけられればなおいいが、それがわからない場合でも、「過去にいた私であるところの私の守護霊様」、これで呼びかけは十分である。それでかならず先方に届く。私もかつてそうしたので信じてほしい。まず、間違いない。

人生は守護霊と密接なつながりがなければ十分の満足は望めない。しかし、守護霊にも階級があって一人ひとりの力量が一様ではないが、常に「守護霊様よろしくおねがい申します」と、日常茶飯事の出来事であろうと、大切なことはなおのこと、いつでも簡単に守護霊を呼び出せて話せる自分でなければならない。あえて言えば、「守護霊をこき使え!」なのである。

第四章◎マイナスの背後霊が人生を破滅させる

背後霊は薄情にも「人生を狂わせる」

この章では、少し恐ろしい話を読んでいただかなくてはならない。それは背後霊の働きである。

まず、背後霊（神）を区別して、支配霊（神）、指導霊（神）、動物霊に分ける。肉体人間を生涯通じてあやつり、プラス、マイナス両面の働きをするのが背後霊の特徴である。一霊が、マイナスの作用、プラスの作用の両刀使いをするのだから困りものだ。

それに背後霊は、守護霊と違って、実に薄情きわまりない存在である。薄情とか、厚情とかで見れば、同じ背後霊でも、先祖があやつっている場合は、一方では厚情に御の字が付くかと思えば、また一方では冷たいマイナス面がある。一概には喜べず、また一概には憎めない存在である。しかし先祖霊なら、子を思う親心的存在の割合が多いのは確かだ。

逆に背後霊が先祖霊以外の、いわゆる他人霊であって、それが支配、指導する場合になると、事はもっと大変だと思う。好意的な面はずっと減る。

そして、これが動物霊となると、分別もなくのしかかってくると覚悟すべし。動物霊が大芝居を打つ時には、肉体人間には悲惨劇、茶番劇の種が尽きることがない。脚本も書けば演出もするし、監督でもあるし、俳優であり、そして観客でもあるというほどの悪しき働きをする。肉体人間ならば間違いなく、ぶっ倒れるだろう。あるいは耐えかねて気が違うか。

尋常でない背後霊の特徴の二。それは一人に一霊ならばまだ助かりもするが、十霊またはそれ以上も、背後霊があなたと仲よしになることがある。もうこうなると、天寿はまっとうできないのではないだろうか。

理解しやすいように、ここに背後霊を整理してみよう。

支配霊の目的は、そもそもいったい何なのだろうか。肉体を占領して、霊自身が肉体をあやつり、自分の目的を達成しようとする。ガムシャラに肉体を酷使し、人体のこうむる災害、病気など全然考えない面がある。
指導霊とは、肉体人間が何かを願望した場合、その信心的祈願や欲望に加担する霊である。しかし、その願望や祈願達成のためには、願望主の健康や心の安定は忘れてしまい、ガムシャラなので、やはり肉体を酷使する。
同様に前述の守護霊と、背後霊の違いも次ページに図示しておこう。

	守護霊（神）	背後霊（神）
数	先祖一霊	多数霊で、先祖、自然霊、他人霊、外国人霊、動物霊も含む。また「神」と自称する者もいる
働き	守り護り、防御一辺倒	目的のためには人体を限りなく酷使する
つながり	自然の摂理によるつながり	霊幽界が目的を持って、または現界の願望によってつながる
交流	交流がありながらも、密着はむずかしい	身近な接近をする。腹の中にいることも多い
生涯	終生つながっている	霊が目的を達すると退去する場合が多い。また使うだけ使い、使いものにならぬと退去する

図に示したように守護霊と背後霊の違いは、一目瞭然である。

ずいぶん昔の話だが、私がまだ霊感が身についていないころ、というよりは無信心な時代に、ある動機で強烈に思い悩み、拝み屋さんを訪ねたことがある。

「あなたの背後に神さんが憑いている。龍神さんだ。このお方様を守護神様と奉っていけば成功する」

ということであった。有頂天になって、それからは心霊学の研究に没頭した。ところが、そのうちにその拝み屋さんが、守護霊も守護神も背後霊（神）も、憑依霊もごちゃまぜにしているのに気がついた。そして、そのとき私に言ったのが、背後霊であることがわかった。いまさらに、自分の馬鹿さ加減にあきれてモノが言えなかった。

よりによって龍神様が守ってくださるとは……。人間にはなかなか憑いてくれない神様が、自分にはあるのだと信じてその心中であがめ奉ったものだ。くだんの背後霊は苦笑いしたことだろう。私が拝みたおすので、力もないのに働かねばならない。不得手とする問題にもあたらなければならない。背後霊としてはさぞかし大変ではなかったろうか。

背後霊は「こんな条件」で人間に取り憑く

断わっておくが、ただの背後霊が神として奉《たてまつ》られたらどうなるだろうか。

思い上がってまったく自分が神のつもりになり、霊幽界を無茶苦茶に引っかきまわす。諸霊や人間たちに悪影響、迷惑をかける。そして、祈った側にはその祟《たた》りがくるのがきまりである。

私としても、何かとサワリタタリが続出して、今その頃の出来事をふりかえってみても、肌が粟だつ思いと、砂を噛むような無念さが消えない。知人や関係のある人びとにも、取り返しのつかない被害をおかけしたので、慚愧《ざんき》の思いが今なお消えないのである。

私が勝手に思い違えたとはいえ、一念でもってあがめ奉るので、相手もその念力に乗っかるのは当然のこと、人間界でもおだてられることが日夜つづけば、ついその気にもなる。「よし、頼みを聞いてやろう」ということにもなる。背後霊が悪いわけではないのだ。

さて、話が途中から、私事になった。しかし、このように背後霊でも守護霊でも、一つ筋を間違えると結果は思わぬことになるわけだ。特に背後霊はその扱いをいったん間違えれば、自分がその子分として酷使されることもあり得ると自覚してほしいものである。

ところで、今まではマイナス面の背後霊だが、プラスのそれはないのだろうか。もちろん、プラスの背後霊も多い。ただし、憑いたり離れたりする。一生涯憑いて離れない霊もいるどころか、死んで霊魂となってからも霊界生活を共有する霊もいるにはいるが、たいていそれはマイナス霊である。先祖ならば確かに一般にはプラス面があるけれど、それも手放しでは喜べないものだ。背後霊の意に背《そむ》いて自分の行動をとると、叱責《しっせき》が容赦なく見舞うのはさけられない。

もう一度、背後霊の区分表を見てほしい。「霊」と書き、カッコして「神」と書いてある。そして自然霊、人霊、動物霊、ゆかり霊、他人霊などを問わず、背後に憑くと示してある。そして、たいていの場合、先祖以外は交替がある。背後霊と自分とのつながりは、表では簡単に示しておいたが、ここではもう少し詳しく検討しよう。

①人体の性質・体質と背後霊の霊質は相似する。
②二者の波長が合致した時、
③現界のほうが祈願などで霊を迎えた、
④霊側から意図的に憑くなどを契機として、人間は背後霊に見込まれる。

人体の体質・性質と背後霊の霊質が相似とは、二つの霊線が磁石のようにくっつく状態と考えてほしい。人間仲間でも、なんとなく気が合うというのがある。霊幽界と現界とは別な空間だが、②の波長が合致した時というように、肉体人間の想念とある霊の持つ、いわゆる霊念とは相互に連絡し合うと考えられている。平静な想念ならば平静な霊、争いをつづけている状態や心境ならば好戦的な霊念と合致する筋合いである。肉体人間の喜怒哀楽と霊念とが、ひょっとしたらお互いに勝手に触れ合ってしまうのだろう。

③の祈願などで霊を迎える場合というのは、その対象となる場所、仏壇、神棚、神社、仏閣、霊場など、霊幽界と現界の交わるところから祈願をうべなった霊をいただいて帰る。またこれらのような特別な場所でなくても、人が一つの目的とか願望に固執《こしつ》すると、似かよった霊が取り憑いて背後霊になるといわれている。

最後の④の、霊側から意図的に憑く場合というのはどういうことだろうか。執念の炎を燃やして背後に立つ。善だろうと悪だろうと、目的のためには手段を選ばぬたぐいが多いために、これは最も恐ろしい背後霊といえる。多くは自分で専門的なテクニックを持った霊、また何か得意とするものを持っている霊が多い。

どちらかというと、背後霊になる先祖の多くがこの一芸を持つ霊ではないだろうか。力があり、守護霊に近い霊が多いのもうなずける。

言うまでもなく、この守護するほうに廻ってくれる先祖霊が一番ありがたい。わが魂を砕いてでも、子孫がやろうとすることを応援したり、災難を防御してくれたり、指導してくれるからである。

「親分と子分」がある背後霊

おもしろいことに背後霊は多数存在し、時には一人の人間に十霊ほども背後霊がいるといったが、その中にはかならず頭領格がいるものだ。人霊、動物霊おかまいなしに、一番強い霊がキャプテンとなって、他の霊を自分の従属霊としている。人間世界でも力のある者がリーダーとなる場面が多いように、霊界も同じようなものであろうか。そして、先祖霊がその頭領格なら、被害はより少ないだろう。

背後霊がなぜ複雑なのか。その理由を少し説明しよう。

一つは、背後霊には先祖霊でも動物霊でも、その背後にはもう一つ背負う霊がいることだ。すなわち、背後霊はヒモつきなのだ。そしてこのヒモつきのために、背後霊にはまるで心が二つあるように見えるのである。

ややこしくてあまり判然としないだろうか。だが、これはまぎれもない事実である。背後に動物霊がいたとする。しかし、その背後には今一つ、その動物霊をあやつる人霊やら、同じ動物霊がかならず憑いている。左の図を見てほしい。直接の十霊の背後霊であっても、実は十重二十重《とえはたえ》のガンジガラメの様相を呈していることがわかるだろう。

△ 背後霊をあやつる霊
● 背後霊の頭領格
○ 背後霊

背後霊をあやつる主霊が、このように幾霊か存在するので、ますますこんがらかったことになる。

背後霊をさらにあやつる霊や、その主霊の力関係がバランスを得て、その順序が良ければ問題は生じないのだろうか。

答はノーである。アンバランスならばもちろん権力争いや意見の衝突、目的の相違で都合が悪い。迷惑するのは人間肉体ばかりだ。しかし背後に争いの渦巻きが生じなくても、とかく背後霊は無理をさせる霊である。微力な肉体はたまったものではない。病気、災難、障害。本来なら望ましい努力でも、度を過ぎればかならずこの世のありとあらゆるマイナスの苦しみとなる。ちょうど戦場で、土地が荒れようと自然を破壊しようと、そんなことはおかまいなしに争いつづけるように、時として背後霊は人体の命取りとなっても顧慮《こりょ》しない。それどころか人体が戦場として使いものにならなくなったら、さっさと退去するのが普通のようだ。残った廃虚《はいきょ》の肉体は、むごたらしく黙って滅びてゆくよりない。

では背後霊の先祖ならば、その時どうなのかといわれるだろう。痛ましく自分の子孫を見つめるよりほかに、方法がないようだ。そうでなければ、なんとか修羅場《しゅらば》から子孫を救おうとして必死になり、先祖霊自身もそのために地獄の底に落ち込んでいくのがお決まりではないだろうか。

守護霊はどうなのか。二つの点で守護霊も無力である。①一言でいえばゴミ溜め場には、人間は嫌がって近づかないが、動物は好んでゴミあさりをするではないか。この場合の人間を守護霊と考えていただきたい。②それに霊界には、後述するように曲げられない厳しい掟《おきて》があって、守護霊といえども、すぐには手を差しのべられない憲法があるからである。

背後霊を「退散させる方法」はあるのか

とにかく、こう見てくると背後霊（神）は、人生を狂わせるばかりか薄情である。肉体を借りて、思いのままに暴れまわって目的を果たしたり、使いものにならなくなったら「ハイ、サヨナラ」だ。甘い汁を吸うだけ吸い、汁が涸れてしまうと無言で退去。人間側としてはホッとしようにも、肉体や身辺の関係が枯れ木になってしまったら、花も咲かないし実もみのらない。ぬけがら同然のあなたとなってしまう。社会的に失敗し、また事業は倒産し、人びとを傷つけ、自分を中心にして争いやもめごと、諸事分散の坩堝《るつぼ》と化し、あげくは病気まで背負い込むような例を、あなたは知らないだろうか。それこそが背後霊の典型的な犠牲者である。

また背後霊はA君とB嬢との身心をわざと引きつけ合わせ、いい加減のところで心変わりをさせて、おもしろがるような真似もする。

背後霊に取り憑かれた人生はまったくバランスが悪い。成功者に見えていても、また一夜にして敗者の身となる。自分こそは大丈夫と他人の交通事故を笑った翌日、自分がその身になってしまったり、社会的に著名・有名人であっても家庭では不幸の嵐が吹いていたり、とにかく人生航路で落とし穴と見えるものは、ほとんどが背後霊の働きである。

それでは、背後霊の働きを弱め、なんとか自分なりの人生をとり戻す、幸福への道はないのだろうか。

いや、救いは一つある。それは正統霊（神）とする背後霊、そして自分の守護霊とのお二方に、すべてを依存する方法をとるのである。その方法とは、羊頭狗肉と思われるかもしれないが、日夜、自分自身の心気を安らかな状態になるように、自分自身でひとり訓練をすることである。そうすれば、つとめずとも正統霊と直結の太いパイプができて、危機一髪での勝利が約束される。

先ほど、霊界には曲げられない厳しい掟があるといったが、実は人間のこの心の状態こそが、霊幽界との円満な交際では絶対的に望まれる。これなしには、どんな守護霊も霊幽界では身動きがつかないことを肝に銘じていただきたい。

正統霊とは何かを知るためには、この反対霊をあげるともっとわかりやすいかもしれない。失業霊、乞食霊、浮浪霊などがそれである。正統霊とは由緒正しい場所に籍を置いて活躍する霊（神）なのである。したがって、過誤や凶悪の行動は許されない。もしそれにふれれば、彼らにも罰則が課せられる。

そして一霊のみの力ではなく、大きな力の中で霊界を生きているのが特徴であり、正統霊自身、霊格の向上に励んでいる。

身辺にいくら嵐が吹いても（また今はそよ風であっても）、常に淡々とした心境であれば、神願にも仏拝にも神経を使わなくとも、正統霊の働きで不浄な背後霊は駆逐されて、将来かならず守護霊の働きがあらわれる。要はいかにしてこの正統霊（禅）を背後霊として招き、持てる霊気と身辺の雰囲気をプラスにするかである。人生のさまざまな出来事は、それだけで決まるものだ。マイナスの背後霊たちはここまであなたの心気が練られると、「この者に憑いていても仕方がない」として退去してしまう。

霊界の仕組みは実に心憎い。結局はあなた自身に問題があることにもなる。肉体人間の心気が淡々としていれば、霊界の動きは実にさわやかで、活力も旺盛となるのだと私は信じている。

プラスの背後霊を招き、いかにして終生の背後霊として活躍してもらうか。くり返すがマイナスの背後霊を寄せつけぬように心を集め、プラス霊の霊力をいつでも受け入れられるように、常に平常心で生活をする。その結果、拝まずとも、祈らずとも、神仏は救ってくれるのである。

淡々とした心境にくわえて、人間の努力があれば即、霊界は買うのである。ただこの努力も絶対に執念であってはならない。固執してはならない。そうでないとマイナス霊の虜《とりこ》となってしまう。二十四時間休みなしで、あなたを見守り、支配指導し、そして自分の魂が八ツ裂きとなってもかまわぬほどの慈悲の努力をしてくれる正統な背後霊（神）に、こうして心からの感謝の意を捧げるべきである。

第五章◎私の家族も祟られた家憑き霊と屋敷霊

家や土地には「無気味な霊力」がある

守護霊、背後霊とともに、肉体人間に憑《つ》いてさまざまな影響を及ぼすものがこの家憑き霊、屋敷霊である。人によってはこの家憑き霊・屋敷霊を、私が最初に説明した憑依霊《ひょうい》の一種と考える人もいるが、ここでは別ものとして説明したい。

今、あなたが住んでいる家、土地。それは買ったものだろうか、借りているものだろうか——。

買ったものにせよ、借りているものにせよ、あなた以前に所有者がいたはずだ。また、現在居住しているあなたより先に生活していた者がいた。それはもちろん人間であるが、同時に霊でもある。つまり、あなたより先に所有するとか、居住していた人や霊がいたと初めに考えなければ、この家憑き霊・屋敷霊問題は解決しない。

今までどおりこれを図示してみよう。

おおよそわかっていただけただろうか。もともと地球にはその初めから、土地に限らず、沼も、池も、湖も、山も、川もすべて、自然霊をはじめ、かならずその場所を生活基盤としていたナニモノかが存在し、支配していたと考えるよりほかにない現象が、この世には

【図A】

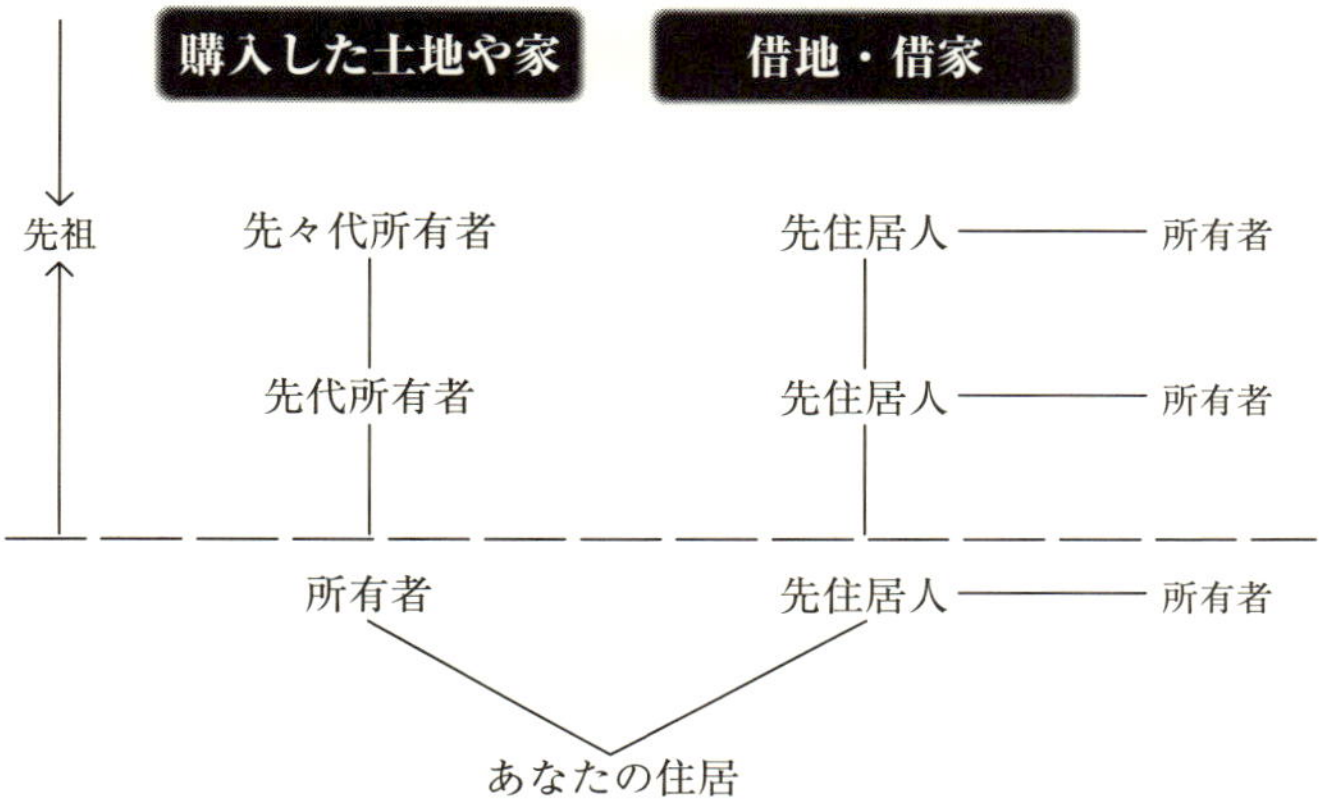
購入した土地や家
借地・借家
先祖
先々代所有者
先代所有者
所有者
先住居人
所有者
先住居人
所有者
先住居人
所有者
あなたの住居

【図B】

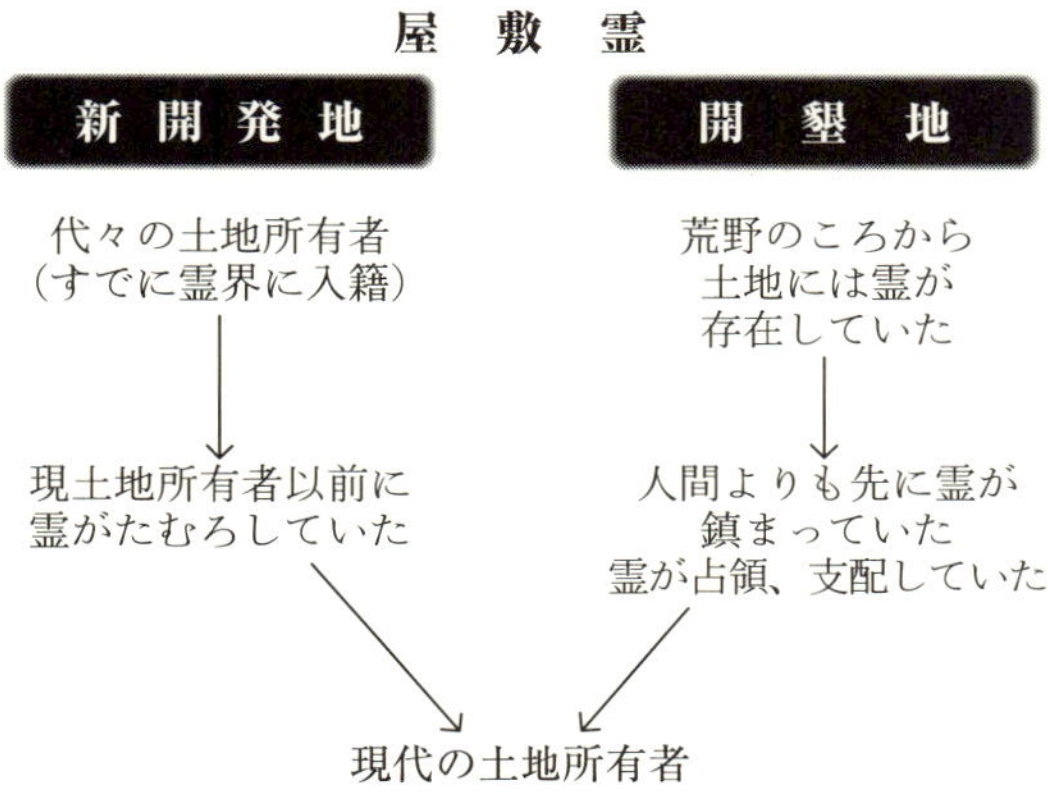
屋　敷　霊
新 開 発 地
開　墾　地
代々の土地所有者
（すでに霊界に入籍）
現土地所有者以前に
霊がたむろしていた
荒野のころから
土地には霊が
存在していた
人間よりも先に霊が
鎮まっていた
霊が占領、支配していた
現代の土地所有者

数々存在するのである。今、あなたにはそれがまだ見えないとしても、あなたの住所には先住者とか、所有者とかの以前に、先住霊が所在していたと思っていただくよりない。それが前ページで図A、図Bによって示した屋敷霊・家憑きの霊というもので、二つはいずれも現界の私たちにとっては、経験的に知られた事実なのである。

私も初めはこの理屈がなかなかスムースにはわからなかった。その霊はどこから来た霊なのか。また、何のためにその場所に居ついているのか。土地ばかりか家にも霊があるというのは、その霊はどういう霊で、なぜその家に居ついているのか。

守護霊、背後霊、憑依霊は、霊波として霊幽界に存在し、それが卵子の受精時に生命に宿ったり、人の念波と一致して現界入りを果たすのだから、いずれも人間の生命と霊動の関係として理解はできる。

だが、土地や家屋は、人間と同様に生命を持つのか。霊幽界は家も土地もない世界なのに、なぜこの家憑き霊・屋敷霊だけが自分の〝住居〟を持つのだろうか。考えても考えても、それは理解できないことであった。

とにかく、自分より先の所有者か、先住居人がいることは、これは日常的なことなのでわかる。また先代所有者ともなれば、そろそろ霊界行きを果たしている頃である。また借地、借家には先住者のほかに、土地や家の所有者がいることはもちろんだ。これにも、先代所有者がいることになる。つまり、買い求めた土地にも借地・借家にも、先祖の持ち主と現在の所有者、また借地・借家には何回かの先住者のくり返しがあるだろうことはよくわかる。

だが、それだけではどうしても家憑き霊・屋敷霊の実在を納得させることにはならない。それと、土地、家とも、先住者や先所有者が他界すると、なぜ霊はそこに住みつくのか。私にはどうしてもこれらのことがわからなかった。

ここではまず、土地を買い求める問題から解明するから、今一度、先ほどの図を一読していただきたい。代々の土地の持ち主の執念が、感じられはしないか。

すなわち、その後の経験的なことからわかった事実は、家にも土地にも、先住者や先所有者の霊が残っているものがあることである。誰であれ、他の現界人に住まれることを嫌う霊もあり、逆に後継者を歓《よろこ》ぶ霊もある。そして、そのいずれもが現住者への霊障害、あるいは霊的庇護《ひご》となってあらわれてくることがある。

だから、図Bではそのことをわかるようにした。といえばあなたも、最近はこのことを数々のテレビ番組や雑誌、単行本などで豊富に見聞きするのではないか。

たとえば、ある夫婦が、長年望んだ自分たちの新居を買い求めることができ、夢をふくらませながら新居の人となったのに、それ以来身近にいろいろな障害が出てくる。家族の病気、怪我、仕事のつまずきとか、いわゆる幽体を見た、声なき声を聞いたなどが、続々と起こってくる。実はいずれもその土地の霊、屋敷霊から起こる霊障害なのだ。

「いや、そんな馬鹿げた経験はない」と言う人もいるだろうが、身辺に屋敷霊の影響が射していることを知っている人より、知らない人のほうがずっと多いのである。芳しくない出来事や争い、もめごと、また憂鬱《ゆううつ》な雰囲気であっても、それだけなら気がつかず、一生を不運にすごす人は多い。

あるいは今日までに、サワリタタリの現象がなくて、逆にその土地や家に住居をかまえて以来、隆盛《りゅうせい》運となる人や家庭も多く、要はそれに気がつかないのである。しかし病気、怪我、身辺の障害を区別して、ここでは一、二の実例をあげておこう。いずれも、他人様にさしさわりのないように、例は私自身や肉親の体験である。

私の家族をおそった「奇怪な現象」

ずいぶん昔の話だが、今から四十年ほど前の初夏に、私は仕事の都合で兵庫県の日本海側の片田舎で、三カ月ほど仮住まいをしていた。その時分はまだ霊幽界づきあいどころか、無信心きわまるもので、仏壇、神棚も拝んだことがなく、盆、正月に、妻に小言をいわれてしぶしぶ「マンマンチャン、アン」の数秒で義理か厄介払いの参詣をするありさまで、神仏先祖もソッポを向くような、信仰心のない時期であった。話はその家にわずか三カ月居住したときの出来事である。

そこは山村で、一部落三十軒ばかりで構成されていたと思う。当時、私は土地開発の仕事をしており、そんな関係で部落のあちこちを歩いて、部落の人とも懇意《こんい》にしていた。十日も経ったころ、「あの空き家にはいる人は、誰もよい状態でなく出ていく」という話を、ちらちら村人から聞かされた。

ちょうどそのころ、当時二歳六カ月の長男(そのころは子供一人)の様子がおかしいのに気がついた。日に日に痩せおとろえていくのである。大げさな言い方だが、二カ月も過ぎたころには手足が火箸のように痩せ細ってしまった。もちろん、医者にも診《み》せたし、お灸がよいというから鍼灸医《しんきゅう》にもかよった。しかし治らず、ますます夜泣きが激しくなっていた。そんなある日の夜半に、妻が、おぼろおぼろにだが痩せ細ったジイサン、バアサンの姿を見たという。次の日は奇態な動物をやはり夜半に見た。とたんに妻は金縛りにあったのだ。

当時、夫婦ともに信心には無関心だが、それでも妻はもともと田舎生まれだから、俗にいう「拝み屋さん」の、いわゆる御託宣《たくせん》や霊言は信じていたようで、三カ月目に入ったときには、ついに拝み屋さんを訪ねてお伺いをたてたようだ。しかし、お知らせはお決まりの霊障害という。「先住者がここで食うのに困って、結局餓死した念がいっぱい長男をむしばんでいる」という。その処理法も抹香くさいやり方を、妻からくどくどと聞いたが、その翌朝に上司から別の土地に転勤するようにと連絡が入り、その日に、後任者と打合わせも済ませ、次の土地に向かったために、仏的処理法はやらずじまいだった。

ところがどうしたことか、次の居住地ではみるみるうちに長男が本来の健康に戻ったのである。考えてみれば妻も私ものんき者なのか、幽霊を見たというのに、あまり驚きもしなかった。そんなに気味も悪くなかったように思う。のんきというか、鈍感か馬鹿か。下手をすると長男を殺していたかもわからないのにと、今考えれば肌が粟だつ思いである。もちろん私たちの守護霊なり、背後霊や先祖なりが助けてくれた、としか言いようがない。その仕組みを今ごろになって私は知ったのである。

次に、それから三年ほど経ったころ、これもまた仕事の都合上、兵庫県の日本海側の田舎町の町宮住宅に入居したことがある。そのときもまだ無信心な生活をしていた。

この時は両親も弟妹もみな同居していた。隣接地に墓地がある。父親が脱腸、弟がまた脱腸。そして父親がふたたび盲腸、妹が原因不明の病気で入院、という具合に、何をしても、うまくいかない。当然、家庭内の雰囲気もとても暗い。それに何もしていないのに、近所からあらぬウワサをたてられる。誠意が通じないで、徒《あだ》となってはね返ってくる。私の仕事上のミスも出たり、親子の溝が生じたり、実にさんざんな目にあった。原因不明の発熱が私にもあり、いつもおっくうな心気しかなかった。二、三度、室内を荒れ狂ったのを今も覚えている。また、それからしばらくすると、私は足首を捻挫して、十日ほど通院したりした。

結局、墓地を隣接地に持つ屋敷霊・家憑きの霊と感応《かんのう》した現象だったのだろう。嫌気がさしてその家を出ると同時に、まったく何ごともなくなったが、それでもまだそれが霊現象の怖さだとは思わなかった。

その家には「生霊が憑いていた」

私の二つの実例のようなのが、家憑き霊・屋敷霊のサワリの中で典型的なものだと思う。なぜ、サワリが起こるのかというと、

①怨霊、執念霊が多いために、後から住む者、所有する者が霊に気づかず、日常的な幸福を得ていると、怨霊・執念霊は嫉妬《しっと》をする
②先住霊に無礼を働かれぬよう、先住霊が自分の存在を主張する
③意味なく身近の者にとり憑いては、憑依霊的な働きをする

のだといわれている。私が霊査をした例の中では、「現在の居住者が自分に気づいて、魂鎮《たましず》めをしてくれればもうここに居なくてすむ。もともと、悪さをしたいのではない」などという霊や、「自分に出ていけというなら、××にある神社の眷族《けんぞく》に来てもらえ、それ

以外では話をきかぬ」という霊が多かった。「現住者のほうが出ていけ、自分は絶対に動かない」という、テコでも動かぬ霊は、わりに少ないようである。

死霊としての家憑き霊・屋敷霊と思っていたら、それが生霊《いきりょう》であった例があるので、そのケースを記しておこう。

Aさんというサラリーマン家庭で、二十年ほど前のことだ。当時Aさんは四十八歳だった。市内に珍しい出ものの土地があり、そこを買って家を建てたが、入居以来、変なことばかりが続いて気持ちがわるい。一度、調べてくださいというので、出向いて霊査してみると、私の前に七十過ぎと思われる老人の影が出て、「私は△△町のBだ」と言う。「Aには何の恨《うら》みもない。だから、何もしていない。だが、オレはこの土地が惜しいので、ここから離れられないのだ。誰にも何もしないが絶対に離れない」

ところが、このBさんが実はそのとおりに△△町に生きていたのだ。Bさんは生霊だったのである。しかも、現実のBさんは、このAさんの家に自分の生霊が出て、Aさんを悩ませていることなど知らなかった。ただ、何度もこのAさんの家の夢は見たという。

Bさんは実は一年ほど前までは、この町中の土地を畑として手放さずに、毎日耕作を楽しんでいる老人だった。息子がひどい道楽者なので、将来にあまり希望のないBさんだが、この畑ばかりは先祖伝来の土地で、そこで作るトマトやきゅうりを孫たちに食べさせ、ゆくゆくはこの土地も孫たちにゆずるのが唯一の楽しみであった。ところが、道楽者の息子が、こんどは仕事をしていると思ったらそれが倒産で、負債の支払いに、Bさんはこの土地を泣く泣く売ったという。しかし、売りはしたものの、何としても忘れがたく、今でも毎日このあたりを歩きまわっては、自分の不幸や道楽息子のことをいつも恨みに思っていたという。

しかしBさんは、Aさんのことを知って申しわけながり、私と二人、白山《はくさん》に詣ってこの自分の生霊を解いてもらった。Aさんの家の奇態な出来事は終わり、三年後にBさんは死んだ。葬式はそれほど立派ではなかった。

Bさんの霊は、家憑き霊・屋敷霊というのではなかったが、同様な話で、それが屋敷霊になったケースも二つほどあった。

DさんとCさんがその売買の当事者である。すべての契約も済み、夢ふくらませてCさんが新居の人となった。多年の苦労がむくわれたと感激の毎日であったようだ。ところが、月日が経つにつれて、Cさん夫婦家族に以前の活気がなくなり、物事すべてに億劫《おっくう》となり、お互いが白い目をむけてついに会話もなくなってしまったという。霊査の答は、現在の人間同士はすべてお互いに快く契約を交わして、現実ではすべてOKしている。ところが、Dさんの先祖たちは、この土地売買に賛成していないばかりか、激しく怒っていたのである。Dさんの七代前（約二百三十年前）の先祖が苦労をして、朝は朝星、夜は夜星と、汗水たらして働き、手に入れた土地であるにもかかわらず、「ワシに断わりもなしに他人の手に渡してしまった」という。

情けない、口惜しい、そして激しい憤りの霊念が、CさんにもDさんにもたむろして、それがCさんの家族に感応していたのである。

こうなると家や土地の取得は、人間対人間の契約ももちろん必要だが、同時に土地所有者より先、大昔から住んでいて今は鎮まっている霊気にも、事前に交渉しなければ大変な災いになってしまうのである。家とか、土地の霊と執念の恐ろしさを、是非わかっていただきたい。いや、それでもまだわからない、というならば、自分が先祖になるまで待つことだ。このことを忘れず念頭に置いて、幽界で「本当にそうだったな!」というあなたとぜひ握手を交わしたい。

家憑き霊、屋敷霊に対して、私たちはどのようにふるまったらよいのか。

人間が、古くから鎮まっている土地の霊に何の断わりもなく、金で占領してしまうのはよくない。勝手に占領して土地の霊が鎮まる所がないために凶悪事となるのだから、屋敷のどこかに、わずかの場でいいから一カ所、祀り場をつくっておくことである。

第六章◎仕事・恋愛・結婚と霊力の不思議

子を想う「母親の念」が生霊となった（①生霊）

この章が本書において私が伝えたい事柄の根幹である。本題に入る前に、霊の実在証明として、生霊と死霊に関する実話をあげておこう。まずは生霊《いきりょう》の話から――。

時は昭和十四年（一九三九年）の夏、広島県佐伯《さえき》郡のある田舎町で「T坊」という九歳の知的障害児が死んだ。世にいう、不肖の子ほど可愛いとの言葉を地でいくような、母親の子可愛さの念あふれた日々の養育が町内の評判であった。五体満足に生めなかった母親が、子に対して抱く責任感のあわれさはよくわかる。

葬式がすみ出棺、野辺の送りも形どおりに進んだが、その間も母親は泣きやまず、その腸《はらわた》をツンザクような泣き声、かたわらから見ると狂ったのではないかと思う叫び声に、制止して激しく慰める肉親らも、みんなつらさはよくわかるのである。一つの地獄図というべきか、重苦しい空気が葬式の場をつつみ、参列の隣人、知人たちは同情を通り越して、早くこの場から逃れたい気持ちであった。小さな遺体を葬儀駕篭《かご》に乗せ、その後をついて野道を歩くころになって、ようやく自分たちも哀れな子を思うしみじみとした心になった。

当時、その田舎の地方は北の山の麓《ふもと》を少し上がった所が火葬場であった。いよいよお棺を火室に納めようという時だ。ふと見ると、T坊の母親およしさんは肉親の強い慰撫で来ていなかったはずなのに、それが火葬のお供の二十人ほどの人の中に、フワーッとした感じでしゃがんで合掌をしているのだ。肉親の古老が、「お前はついてこんでエエいうたのに」と言いかけると、線香の煙のような弱い声で詫《わ》び、「どうしてもついてきたかった」といったその声に、みんなゾーッとした。

昔から定められたシキタリの通り、無事火葬の儀もすませ、みなは揃って夕映えせまる田んぼの中を、もと来た野道を帰った。そのころはもう、母親のおよしさんはいなかった。みんなおよしさんの毒気にあてられて、フラフラの身心虚脱で、口は激しく渇き、早く自宅に帰って体をよこたえたい一心である。

そんなころ、火葬場の近くに田んぼを持っていたYさん夫婦は、「ああ、Kさんとこの T坊のおとむらいか。およしさんも大変じゃな」と、話し合いながらわが家に向かっていた。田舎のことだから、帰るのにはどうしてもさびしい田んぼを通らねばならない。心の中で合掌をしながら、火葬場の近くを通るとき、前をおよしさんのしょぼしょぼと歩く後ろ姿が見えるではないか。足早に追いかけおくやみを言おうとしたが、いつの間にか、およしさんの姿は消えてしまった。

「おかしいナァ」

夫婦は何かを強く感じて野良着姿のままで、とりこみ中のK家に飛び込んで、状況をことこまかに話をしたのだが、およしさん本人は、出棺後今の今まで、仏前に座ったままだったそうだ。それを知ってみんなもう一度、ゾーッとした。

火葬場に行った二十人あまりの人が、今すぐそばにいるおよしさんといっしょに火葬をともにし、また、Yという夫婦が今およしさんの後ろ姿をすぐ前に見、おくやみを言うつもりで足早に追いかけたが、消えてしまった。これはいったいどういうことか。くだんのおよしさんに詰問《きつもん》すると、ようやく重い口で「T坊が可哀想で可哀想で、ずーと、ついていってきました」と言う。しかし、およしさんはずっと家にいたではないか、そんなことがあるものか。それならばと半信半疑で、その時の模様をおよしさんにたずねると、火葬場での様子、火葬場についていった人の名、現場の状況などすべてを漏らさず話をしたのである。それどころか、火葬に立ち合った者一人ひとりのその時の心境までを、およしさんは正確に言いあてた。

「T坊も障害児だったから、死んでよかったんだ。大人になるまで生きておれば、親兄弟全部が苦労する」

「T坊と同じ年齢のワシの子でなくってよかった」

「ああ気色が悪い、早う帰りたい」

「およしさんも性根《しょうね》の深い人だナ。つき合うのも怖い」

一人ひとりの思いとか、その時に言い合った言葉を全部、およしさんは知っていたのである。一時的だが、超一流の霊能力を発揮しているわけで、自分の魂どころか幽体までも火葬場に飛ばし、その時の状況をきちんと読みとっている。

「念を集中するということは、凄いものだナ」とつくづく考えさせられる。これは昔から「生霊」といわれている現象だ。古い文献などにも、特殊な霊能力を持った人びとが自分の魂を目的地に飛ばして、用事を足したなどという例が紹介されている。

山頂の霊場から、木製の皿鉢を麓の農家に飛ばし、少量の食事の施しを乞う修行僧の逸話を読まれた人はいないだろうか。これに類した記録や伝説は、役《えん》の行者《ぎようじや》や修験道《しゆげんどう》の行者たちの記録に多い。およしさんは、それの現代版であろう。魂を飛ばして、目的地にいく。これを「生霊の働き」という。

炎の中で「焼けただれた娘」の霊魂（②死霊）

戦時中のことである。昭和十九年（一九四四年）の夏、私の身近で起こった出来事である。当時の日本はアメリカ軍の空襲にそなえて厳しい灯火管制にあって、日が暮れると町はどこもまっ暗闇であった。真夏のこととて家の中はムンムンとして蒸し暑い。クーラーどころか扇風機もない時代だったから、人びとは屋外に出て涼をとった。よく軒下や道端で、近所の人が集まって、世間話や戦争はどうなるのかというような話をしたものだ。そして夜半も過ぎてようやく外気が冷え込むころ、家に入って休む。そんな味気ない毎日の続く時代であった。

いつものように夜も十二時近くなるころ、あちらこちらで涼んでいた人影もだんだん消えて、「さあ、そろそろワシらも寝るか」の父親の声で玄関を入りかけるとき、線香の煙状のものを父親も私も見た。「あれッ」と後を振りむくと、十五、六歳の少女が立っているのである。むろん幽体であることは直感した（その頃は幽体という言葉は知らなかった。むしろ幽霊だと直感した）。さすが、百戦錬磨の父親である（父は中国、満州での野戦、そして南洋諸島を歴戦し、三回も召集令状を受け、柔道、剣道、空手の有段者だった）。

「お前はMさんとこの娘さんじゃないか」

「はい」

「なんでまたこんな夜ふけに」

この時まで歯を食いしばって我慢していたような幽体が、急によろよろとよろけて消えてしまった。とたんに、声なき声で、

「私、今晩、呉の空襲で爆撃を受けました。すごく怖かった。どうなったのかと思いましたが、気がついたら、家の近くの母校にいるんです。なつかしくてなつかしくて。町を離れて呉の勤労挺身隊に行っていたのですが、そこの規則や訓練がつらくてつらくて……。空襲を受けましたが、それでも私は帰ってきたんです。けれども家の戸口は錠がかかって

いて、『お母さん、お母さん』と呼んだのですが、気がついてくれません。どうかおじさんたち、母や父を起こしてほしいんです」

声なき声を父親も私も耳にした。私の家はM家とは百メートルも離れていないので、早く知らせようと小走りに駆けて、M家の手前二十メートルまできてみると、火の魂《たま》がフワリフワリと戸口やら二階の窓ガラスにトントンぶつかるようにして浮いている。しかも五十センチほど上下して、なんとかして家の中に入ろうとするように見えた。

「これはホンマモンだッ！」。父が押し殺すような声で叫び、私を促してM家に向かって一散に走りだした。M家につくと大声をあげながら、何かに憑かれたように戸口をドンドンと叩いたものだ。後になって私の両手の甲がキズだらけになっていて、しばらくは痛くて仕方がなかった。

やがて家の中からオドオドした声で、

「憲兵さんですか？　警察のお方ですか？」

「Mさん、皆本です、ちょっとあけて下さい」

同じ町内でよく知った仲であるのでホッとしたのであろうか、「どうしました、皆本さん、そんなにあわてて」とそこの夫婦が戸をあけてくれた瞬間、何ともいえない異様な匂いが鼻をついたのである。煙硝の匂いと体臭である。とたんにMさんの奥さん（幽体となった娘の母親）がよろよろとよろけてしまい、額から大粒の脂汗が吹き出した。あわてて水をのませたり、「しっかりしろ」と励ましたりして大騒ぎになった。ようやく奥さんも落ちつきを見せたので、「実は言いにくいのだが」と前置きしつつ、父は先ほどのありのままを説明した。が、Mさんには信じられないのである。昼間、挺身隊の担任の教師から電話で連絡があり、その時は呉が爆撃を受けたという話もなく、本人も元気で奉仕しているると、報告があったという。だとすれば、にわかには信じられないであろう。むしろ、私たち父子が何かにおびえてしまい、一時的に心気がおかしくなったのじゃないかとまで相手が言い切るが、私たちも引き退がるわけにはいかない。

ともかく連絡をとってみようということになった。幸い母親の姉の亭主が呉工廠で働いており、しかも市内に在住しているので、急ぎM家から長距離電話をかけてみた。が、呉市に電話が通じないのである。しまいにはヤケクソになってM家の夫婦と私たち父子がとっかえひっかえ呉市を呼び出すのだが、ぜんぜん駄目であった。M家夫婦もヤキモキしながらあの手この手と知る限りの方法で呉市へ電話をするのだが、まったく応答なしである。

そうこうしているうちに、近所から騒がしい話し声が聞こえてきた。どうやら二階越しに窓をあけて隣りと話し合っているようだ。聞き耳を立てると、「今、臨時ニュースで聞いたが呉市が空襲を受けたそうだ。全滅らしいぞ」という話である。そう言われて、東方の空を見上げると、心なしか闇空が少し明るく見える。どこの家も眠れないらしく、戸外に出てきて、不安げな表情で呉市空襲の話をしている。そうした騒ぎから小一時間も過ぎたところ、空襲を受け、着のみ着のままで焼け出された人たちが私たちの町に群れをなして避難して来はじめた。そして口ぐちに空襲の恐ろしさ、ものすごさを、さめやらぬ恐怖におののきながら激しく訴えかける。国鉄や市電、私鉄など乗りついで、ようやくここまで逃げてきたという。呉市からはおよそ四十キロもある。いよいよMさん夫婦も信じざるを得ない。

この人たちの中に、わが娘はいないかと、避難してくる人の列を目を皿にして見つめ、「呉工廠《くれこうしょう》○○学徒挺身隊はどうなったでしょうか」と叫ぶが、知る人はない。

とうとう夜が明けてしまった。私も父もM家に釘付けにされたかたちで朝を迎えた。その時、「お早うございます。学校のEと申しますが、あのう……」と、顔見知りの女学校の教員が訪ねてきた。

「ぼくは昨夜は宿直だったのですが、夜十一時三十分頃、ぼくと用務員さんと最後の校内巡回のおりに、南校舎の三年一組の教室で『アツイ、痛い』と女の呻《うめ》き声が聞こえますので、教室に足を踏み入れてみると、一人の女生徒がいたんです。たぶんMさんの娘さんだと思いまして、『お前はこんな戦時下でこんな所でサボッとるのか!』と、実はものすごくびっくりして腰も抜けんばかりだったので、虚勢を張ってそう大声で怒鳴ったつもりでしたが、声にならなかったかもわからない」

という。用務員さんは「何も言わずにヘタヘタと座り込んでしまったんですよ」とかで、そのまま発熱、まだ起きてこないという。

「S子さんは焼けただれた顔をして、むりにぼくらに笑おうとして顔を引きつらしていました。そして、プツンと消えたのです」

先生は、空襲でやられたのではないかと告げにきてくれたのだった。なんだか気色悪く、話をしているうちに、電話のベルがけたたましく鳴る。Mさんが及び腰で受話器をとると、

「S女学校ですが、本校の呉工廠○○が昨夜の空襲で全滅です……」

まごうことなく私が経験した実話だが、この事実はあなたに何を教えてくれるだろうか。

肺結核の青年の「魂はどこへ」行ったか（③生霊と死霊）

肺病で長患いの小学生時代の同級生を、二十年ぶりに見舞った夜のことである。

友人の母親が、今はよく眠っていますと言いながら、よほど嬉しかったのだろう、「どうぞ、どうぞ、よう来てくれました」と、二階の病人の部屋に手もとらんばかりに招き入れてくれた。なるほどよく眠っている。だが、どういうわけか昔の面影《おもかげ》がない。病人の枕もとで母親が、息子が可哀想だといってしきりに私に話をする。しばらくすると、その友人が急にうなり声を出して身を震わせはじめた。母親と私はあわてて体をゆり動かし、目を覚まさせた。すると、私に気がついたのか、二十年ぶりの再会に抱きつかんばかりに懐

かしがって号泣しだした。やがて気分が落ちつくと、友人のF君がボソッと、びっくり仰天するようなことを言い出したのだ。

「今、もの凄くのどが渇いたので裏の川に水を飲みにいったら、村の若い衆らが私に小石を投げつけるので、ほうほうのていでわが家に逃げ戻ったところだ」

という。私と母親は顔を見合わせてしまった。その時、戸外から「こんばんは、こんばんは。Fさん起きておられますか。異状はありませんか」と、口ぐちに青年らの声が聞こえるので、私と母親は階下に降りて青年たちを招き入れ、「詳しく話を聞かしてください」というと、

「はあ、今ぼくらが集会の帰り、川で火の魂《たま》が水面をフワリ、フワリ飛んでいるのを見つけたので、狐か狸の仕業だ、化かされるものかと、てんでに足下の小石を火の魂に向かって投げつけたんですが、Fさんの二階にサーッと飛びこんでしまったので、ひょっとしたら、病気のFさんに異状が……」

というのである。そして、

「火の魂が二階に逃げ込むとき、十二年前、肺病を苦にして亡くなられたC先生の姿が見えたんです、六人全員が見たから間違いありません」

という(C先生とはF君の伯父であって肺病を苦にして首吊り自殺をした。そんな伯父の病気を引き継いだようにF君が肺病患者になってしまった)。

霊実在の例は枚挙にいとまがないが、とりあえず二、三をあげてみた。一人でなく、数人以上とか、三十人ばかりが同じ状況を同時に体験した事実を意識的にとりあげてみた。もう一度要点をかいつまんでみよう。

すべては私が体験した「幽魂実在」の証

生霊①……（a）体験人数三十名余。（b）肉体は家にあって幽体、幽魂を一キロも先に飛ばしていた。（c）諸人の言ったこと、また胸の中をよく知っていた。

死霊②……（a）体験人数四名。（b）死ぬと同時に幽体がまず母校に戻ったと霊が言う。（c）爆撃の事変をいち早く知らせている。（d）本人の体臭と硝煙のにおい。（e）別々の場所や別人が同時に同一の体験をしている。（f）よその土地で死亡すると死霊がいち早くなつかしい場所や生家に戻ってくる。

生霊と死霊③……（a）体験人数八名。（b）生霊が幽魂となって身は寝たままで、五十メートルも離れた川に水を飲みに脱け出ている。（c）火の魂の後に同じ病気で死んだ伯父の幽体を六名が見ている。（d）F本人の病気は伯父の投影である。

以上が要点としてあげられる。この実例の年は昭和十四年、十九年、三十三年で、しかも私自身の体験である。そのうえ、多人数での同経験を選んでみた。もちろん、まだ私自身も霊感能力がないばかりでなく、無信心の極みともいうべきところで、こうした事件発生後、いずれも半月も経つとケロリと忘れてしまう無頓着ぶりであった。今考えると、「これでは死んで極楽には行けないな。必要があって自分の所へ出てきたのだから、その直後に供養《くよう》の一つもしてあげれば、幽界も自分も功徳《くどく》になったのであろうに……」と思う。

幽魂霏霏《ひひ》の実例として、あえてここに記しておいた。夏の夜の幽霊話としてではなく、霊界実在の証としてである。

「仕事の成否」も守護霊・憑依霊が左右している

人の仕事の成就《じょうじゅ》については、守護霊とのつながりの影響が最も大きい。その因果関係は既に述べた通りであって、現界人の得手、不得手、力量、はては性格も体形、顔容《かおかたち》も、その守護霊にきわめて酷似しているから驚きだ。そして守護霊が生前になし遂げられなかったこと、つまり中途半端であの世ゆきとなったことを、その守り子の肉体によって果たさせようとする。あんなことをしたかった、こんな思いであったなどと。

守護霊のそうした影響はほぼプラス面と考えて間違いないが、それが当人にプラスになるかマイナスになるかは、千差万別である。

守護霊がどの程度社会の優劣にからむかが即、自分の生涯に通じるのである。

俗っぽい引用だが、わかりやすく会社組織で図示してみると、守護霊にもやはり一定の階級がある。

【守護霊の階級図】

契約社員でもアルバイトでも一応守護霊には違いないが、+−0でそれは現界人にはおもしろくない、味のない人生であろう。だが、日本人を一億二千万人とすると、だいたいその五〇パーセントの人たちの守護霊が、この+−0のクラスだ。正社員クラス守護霊でようやく、まあまあの部類、可もなし不可もなしの人生である。もちろんこの図示は、背後霊や憑依霊の影響は考えていない。ただ単純に、守護霊のみを秤《はかり》にかけているのだからそのつもりで考えてほしい。

係長ぐらいからは、だいたいプラスになってくる守護霊だ。ただ、これは守護霊にも千差万別があることを知ってもらいたかっただけの図なので、それさえわかってもらえればもう用はない。

現実には、私たちはこれらの守護霊に面倒を見てもらって、どのような人生を経験するのだろうか。となれば、問題は背後霊との関係である。肉体を持つ自我霊と守護霊の合作で仕事（事業、職業）が決まるのだから、ここでは背後霊がそれに協同するか、または邪魔をするかで、結果は大きく変わる。

たとえば、Dさんは銀行に勤めることができた。守護霊も自我霊も先祖も、それは望むところである。しかしこのとき、銀行勤務に力量、才能のある心霊が背後で支配するようになると、Dさん本人はあまり努力をしなくても、なんとなく係長とか課長とか、支店長と昇進して円滑に事が運ぶ。文字どおり本人の才能に応じて、力量のある、また望ましい心霊が背後霊となって立ち働くからである。ところがこの理想的なケースでも、厄介なことには、いったん悪い憑依霊が憑けば、結果的にはDさんは邪魔をされる。昨日の支店長が一夜にして降格とか、リストラとかの、肌寒くむごたらしい結論になる。ショボショボと栄光の席から去っていった人をあなたも、たくさん知っているはずである。

人生に訪れる突発的不運は、たいていの場合、憑依霊が元凶と考えて間違いない。憑依霊のエネルギーが強烈なため、今まであなたの背後で活躍していた心霊が、嫌になってあなたから立ち退くためだ。人生の油断ならない凶変である。背後霊がすごく浮気性であることを、あらためて強く認識しておいてほしい。

俳優さんや女優さんが、一時的に人気が出て、天下をとったようなふるまいをすることがある。が、それもだんだんに下降線をたどって、しまいにはテレビ・映画に姿も見せなくなる。原因は、人気集めが上手で、芝居も巧みな背後霊に最も浮気性が激しいことと、たとえば恐怖映画のお岩様の役であるとすればそのお岩様になりきり、似たたぐいの霊がくだんの女優さんに終始つきまとうからである。明らかな憑依霊現象だ。こうなると、それまで立ち働いてくれていた陽性の背後霊も、いたたまれずに逃げ出してしまう。もうマイナスの二乗である。

芸能生活も私生活も、このように憑依霊の出現から枯れ木のごとくくずれ倒れる例が多い。実力社会と思われている医師の世界などでも、見ているとこの仕組みから逃げおおせる者は誰もいない。専門で巧みな心霊が立ち働くあいだはよい。が、逃げてしまったら、その医師はタダの人である。こんな医師とは知らずにかかる患者は、命がいくらあってもたりないだろう。

絵をよくする画家とか、とにかく優れた職技を持つ人にはみな、背後に才能ある心霊がいるからこそ大丈夫なのであって、その霊が居憑いているあいだは御安泰だ。私が知る例でも、石川啄木、吉田松陰、宮本武蔵などは優れた背後霊の支配があったばかりでなく、彼ら自身が立派な霊能者であった。

この三人に限らず、一芸に秀でた現界人は、そのたずさわる仕事の種類に関係なく一種の霊能力者であると、私は定義を置いている。誰でも自分の才能を発揮できる人にはかならず、力量のある背後霊がいる。反面、職務に悶々と苦悩、不満を持つ人は、その背後霊の才能違いから苦悩しているといえる。とにかく自分であって自分でない。私たちの仕事はいわゆる背後霊に支配され、あやつられているのである。ただ背後霊は浮気性で、薄情きわまる、怖い存在であることを覚えておいていただきたい。

私などもたびたび文字を書く場に立たされるが、ひどい場合にはほんの十分前の書体と今の書体と、ぜんぜん違う時があって、困ったり、びっくりしたりする。背後霊が入れ替わって道化《どうけ》ているのに違いない。まことに、あわれなのは人間様ということになる。

「すさまじい因縁」によって泥沼にされた恋愛

またまた、背後霊、憑依霊の登場である。この節では、今まで吸収したあなたの勉強の結果がわかる。前節では徹頭徹尾、背後霊と憑依霊の大安売りをしたので、ここでは復習とまとめとして、実話をとりあげながら「恋愛と霊」の作用を説明したい。登場人物は全員実在で、しかも現存するので、事前によく了承を求め、同時に登場人物の背後にいる精霊にもお断わりしておいた。

十年ばかり前に、中学生のS君は級友のLさんとなんとなく親しくなり、両親同士もそろってねんごろな交流をするようになった。どういうわけか、S君の父親のほうが級友の

Lさんにご執心《しゅうしん》で、どうしても息子の嫁になってほしいと異常なほどの可愛がりようだ。そんな頃、反比例してS君はだんだんとLさんに対する熱と情が冷えてきた。ヤキモキしたS君の父親は逆に炎のように思いつめて、Lさんがいなければ夜も昼もないほどにエスカレートしてきだしたという。

どんな程度かというと、父親は理髪店を営んでいるため、比較的時間が自由になることもあり、それにLさん宅までは歩いても十五分ぐらいの所だから、暇さえあればL家にかよう。まずいことに、Lさんは理髪店の前を通らなければ通学も帰宅もできないので、そのLさんの姿がS君の父親にはよく見える。登校・下校の時間を父親はよく知っていて、そのたびにかならず、店の前で本人に話しかけなければ気がすまないというのだから、その異常さがわかるだろう。何かと用事をつくり、無理を言ってはLさん親子をわが家に迎えて、家族ぐるみの団欒《だんらん》をする。そしてそれがおよそ一年も続いたころには、S君のほうはLさんに対する気持ちも冷え切ってしまっていた。それどころか中学生特有の反抗をくり返し、成績も悪くなり、おまけに非行の限りをつくすようになった。とうとうLさんの父親からも、S君の父親の態度が異常すぎることがいわれ、またS君の両親に対する反抗の度合がエスカレートした。

そんなある日、Lさんの母親が、いかにも疲れ果てたというようすで、私のところに相談にきたのである。

「ああ、奥さん。この二人は絶対に一緒にはなれません」

私はそう言って、説明を一時間も続けただろうか。

その要点をかいつまんでみたいが、もう少し登場人物や背景を説明したほうがわかりやすいから、いつものとおり要点を図示する。一四五ページの図示をよく頭の中に入れていただきたい。出てくる人名と、そのつながりにご注意ねがいたい。

S君（A5）とLさん（A6）は中学の同級生。どういうわけか気の合う恋人どうしとなったが、急激にS君の情熱が冷め、続いて悩みに悩んだ末にLさんもあきらめた。ところがS君の熱が冷める前後に、S君の父親が激しく活動しだし、それに応ずるようにして、Lさんの母（a2）も父（a1）の心情を汲み、陰になりひなたになって応援するかたちとなって、S君の父に傾くようになる。

ここまでが現実界の動きである。やがて父（a1）と母（a2）とが、世間をはばかる不倫の関係となる。a2は、A5・A6、a1・a2の状態にほとほと困り果て、それにa1とa2の交渉があって随分と日が経ってから、a2が私を訪れたのである。

「霊査してほしい。これからどうなるでしょう」と、身も心もくたくたの表情で悩みを打ちあけた。

私は、「A5とA6が恋人になった原因はそもそもⅢ霊である。それによってかもし出される現象だが、Ⅲ霊が動くと枝葉となる因縁の霊が動きはじめる。ちょうど池の中に小石を投げると、波紋が生じるように、まずａ2の母親であるａ3が、わが娘、そして孫娘に憑いて動きだした。この霊は生前に信仰がすごくあつく、慈悲霊が擁護《ようご》していたのである。ここで当然、Ⅳ霊ががさらに働きだした。ところがＡ6には直系の血の流れとして、その父①がいる。ところが①には悪いことにａ4霊が偶然背後に来ていたのである。①が生まれ落ちると同時にａ4霊が憑依していたもようだ。そこで素早く、しかも強烈にⅡ霊が働きかけている。

偶然とはいえ、恐ろしいことにａ4霊は、生前に結婚はしたが夫に裏切られ、若くして離婚し、二児をかかえて世をはかなんだと推察された。ａ4はＡ6のこの結びつきに反対なのだ。

もう一つの大きなマイナスは、Ⅱ霊が、時機を見て、Ａ6を、坊さん、神主さん、祈祷師などのような霊的な行事の主催人と結婚させて、Ⅱ霊が坊さん、神主さんや、祈祷師を牛耳《ぎゅうじ》ろうとの執念を持っている。なのにａ2の背後霊Ⅴ霊と、ａ1の背後霊Ⅰ霊の霊作用が原因となり、当然、まず始まりに子どもたちのＡ5、Ａ6が仲よしとなり、Ⅱ霊の激しく憎むところとなって皆々が傷つく結果となるのである。偶然がからんで複雑に思えるが、この結末だけは歴然としている。じっくり考究してほしい。

さてこれの処理法だが、順序はともかく、Ⅰ霊とⅤ霊、ａ4霊とⅡ霊を浄化させるため

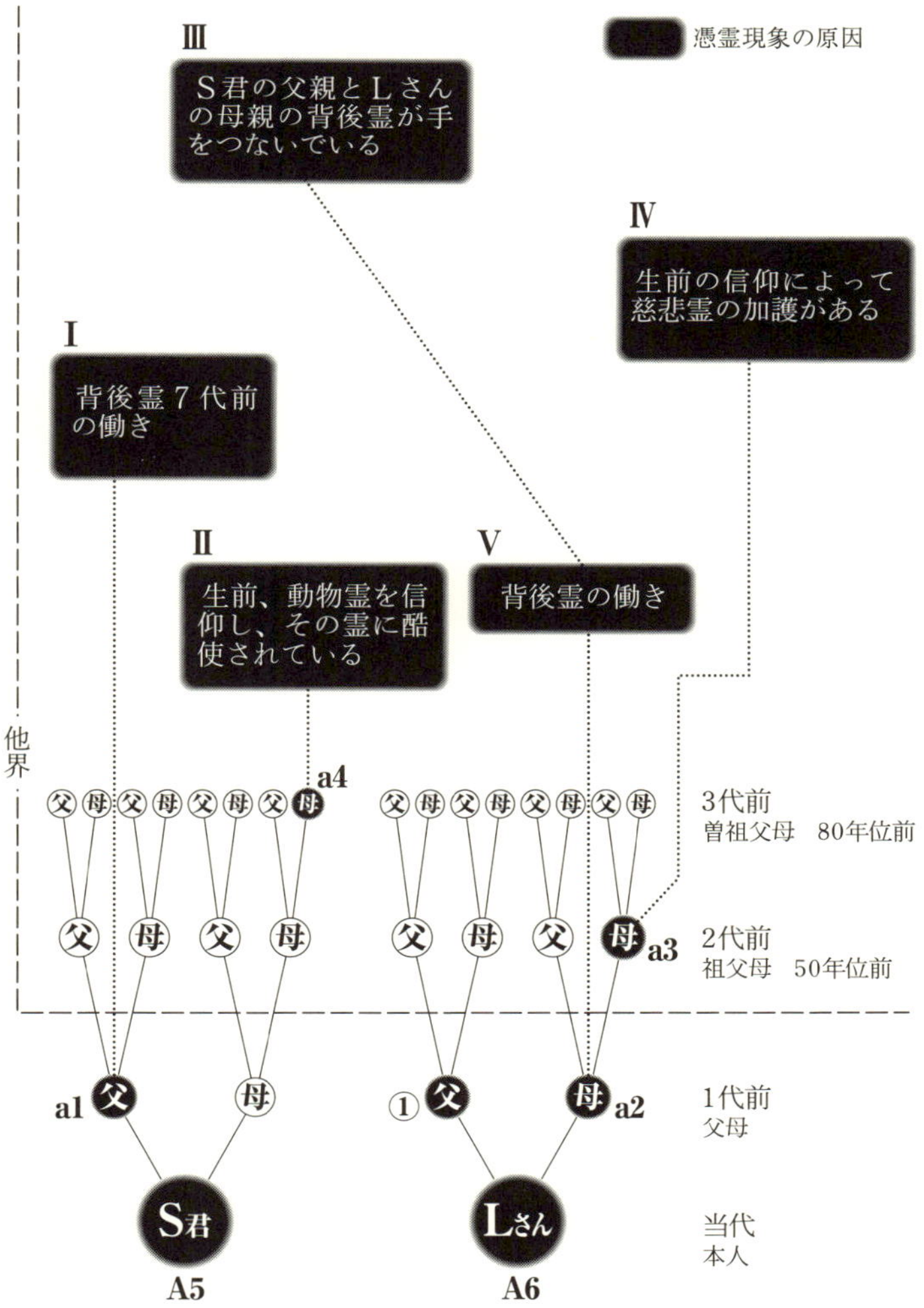

憑霊現象の原因
Ⅲ
S君の父親とLさんの母親の背後霊が手をつないでいる
Ⅳ
生前の信仰によって慈悲霊の加護がある
Ⅰ
背後霊7代前の働き
Ⅱ
生前、動物霊を信仰し、その霊に酷使されている
Ⅴ
背後霊の働き
他界
a4
父 母 父 母 父 母 父 母
父 母 父 母 父 母 父 母
3代前
曽祖父母　80年位前
父 母 父 母
父 母 父 母
a3
2代前
祖父母　50年位前
a1 父
母
① 父
母 a2
1代前
父母
S君
Lさん
当代
本人
A5
A6

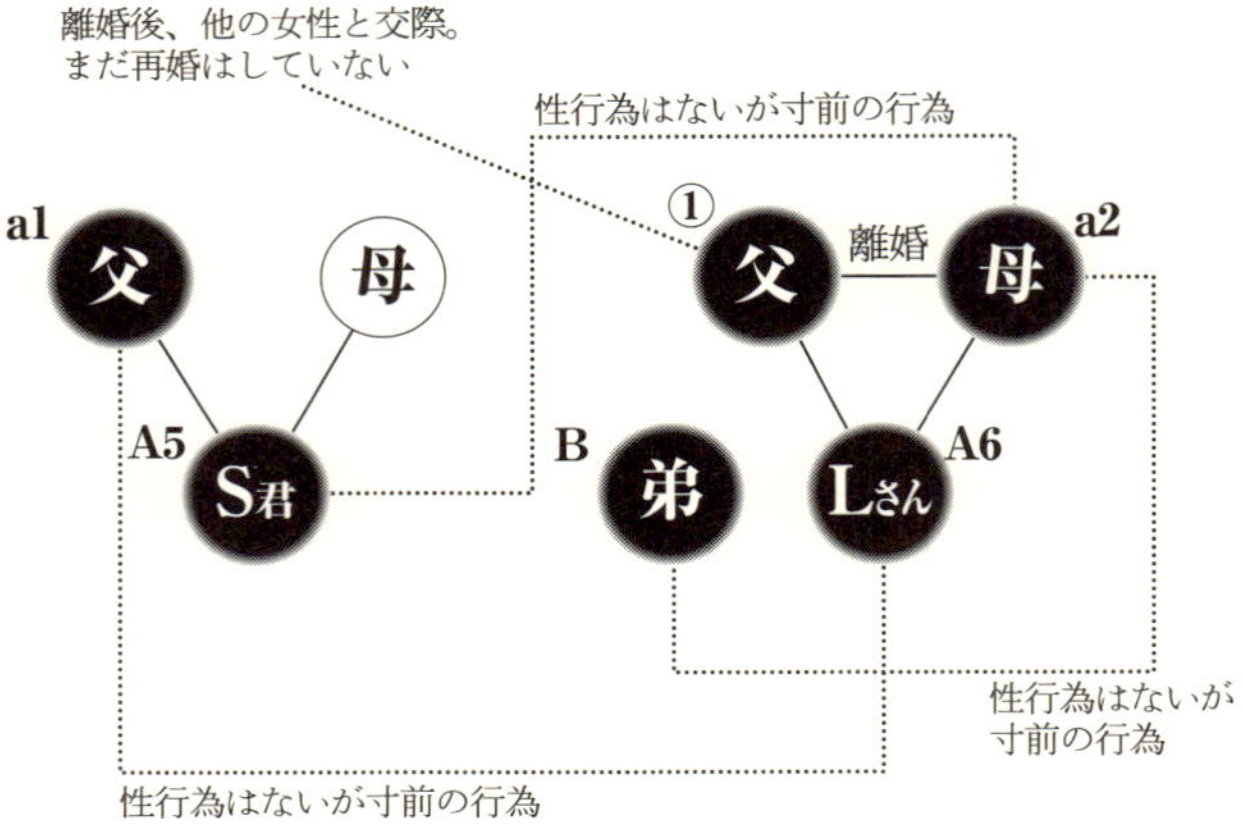

に、a1とa2が鋭意精進することが絶対必要だが、どうも私にはそれを直言する自信がない。というのはA5、A6の失恋、そして目下恋愛中のa1、a2であるが、厄介というか、空恐ろしいというか、話の続きがあるからである。それを告白しておこう。もう一度図示してみる。

今度はa1、a2、①、A5、A6がかもし出す現実が実におもしろい。

おわかりになるだろうか。数年後にA6は他の青年と結婚し、今はすでに五年以上になるが、①、a2、Bとも音信不通、Bは他家に養子入籍。①、a2、A6とも交流はない。①もa2、B、Lさんとは全然交信なし。また、①はa2と離婚。離婚後、ほかの女と同棲しているが入籍はさせていない。

また、そのほかにわかったこともある。す

なわち①とａ2のそれぞれの先祖たちが、そもそも両家の縁結びに反対し、二十年このかた争いの連続であったということだ。しかし、強烈なⅡ霊の働きで、①とａ2はやはり結婚した。

なぜ、霊界はそうさせたかというと、①に憑いたａ4を通じてａ6にⅡ霊の好む結婚をさせようとする霊念のためだ。つまり霊的行事をつかさどる職業人に憑いてⅡ霊が活躍しようとする、実に遠大な計画であったと思われる。Ⅱ霊はなんと八十年後の計画を仕組み、用意し、着々と準備したにもかかわらず、土壇場になってそれが崩壊したのだから、徹底的な破壊を行なったのだろう。そのために、ａ1、①、ａ2、Ａ5、Ａ6、そしてＢの運命を大荒れに荒れさせてしまったわけである。つまり、これが人のいう恋愛だ。

セックス寸前のカップルを取り巻いた「老婆霊と墓地霊の争い」

もう一つ、恋愛・情事についての実話を記しておこう。私が墓の研究に没頭していたころ――といっても墓相ではなく、あくまでも霊的に追究していたので、当然、夜な夜な墓地をさまよい続けていたころのことである。霊視力が少しずつつきかけて少々おもしろいと感じていたので、ある月夜の晩に(視界は三十メートルは十分に見えた)、ある墓地にしゃがんで一心に念思を凝らして、さぐりかけた時、ヒタヒタと足音らしい感じが耳を打つのである。

「しめた！　霊聴も可能になりだした！」

と、すごく喜んだとたんに、男女のカップルの足音だとわかり、がっかりしたことを覚えている。しかし、がっかりはしたが、それを帳消しにするような行動をそのカップルが演じだしたので、その話をしてみよう。

私がしゃがんでいる数メートル先に二人が並んで座っている。男は、女の肩に右手をそっとのせてしきりに愛をささやいている。虫酸《むしず》が走るような甘い言葉だがよく聞きとれる。愛のささやきといっても、とどのつまりは「させろ」「ダメ」のくり返しである。が、二人の周りにやがて霊の姿が浮かんできた。

その霊を見ると女のほうの背後霊が、一所懸命に男の要求を拒んでいる。白髪の老婆霊が目を怒らせて歯をむき出し、形相ものすごく、男を睨《にら》みつけている。「ハハン、この婆ぁがいる限り、この男はモノにできんわい」と私は思った。

「男よ、今日はあきらめてお帰り。婆ぁ霊が幽界での他の用事で不在の時に、ささやけばコロリだよ」

と、念を送ってやるのだが、本人は頭がのぼせあがっているから、思考力ゼロ。ところが拒んでいる女のほうも、体はムズムズしているのだからまことにセワはない。

そんな時、突然、本当に〝いきなり〟の形容が適切なほどに、墓地霊の何十人かが一斉に起き上がり、くだんの老婆霊を追い散らしたのである。とたんに女のほうから男に抱きついてしまった。男女の仲にもかならず霊因、霊支配が実在している例である。

え？　お前はその間、どうしていたかって？　残念ながら小心者の私は、拝見する度胸がなく、両手を目にあてて、とどこおりなくお二人がお済みになるまでそこで静かに待っていた。わずか五分間だが、ずいぶん長時間に感じられたものだ。

余談はさておき、ここで霊界から見る結婚への霊因の説明に入りたい。

結婚にはかならず「先祖霊の因縁」がある

この広い空の下の、浜の真砂や星の数ほど多くの人の中から一組の男女により結婚が成立する。考えてみると、厳しいなかになごやかさのある出来事だ。そして選び選ばれた二人は、強力な運命の絆《きずな》をゆるがせにはできないと思うのに、初志はいつの間にか消え、やがて争い、揉め事となり、別れたりすることが多いのは、どういうことなのか。

その解明をするためには、霊因のさぐりを急がねばなるまい。先ほどのＳ家、Ｌ家の図示を見ながら問題に入るのが簡明と思う。

先祖が仇《かたき》同士の結婚は破れる、と書けば、「なんという馬鹿げたことをお前は」と、いうのが大方の声だろう。ところが事実なのである。

あなたも古い時代にさかのぼって考えていただきたい。平安時代末期に源平の争いがあった。攻防およそ七十年間。日本歴史をひもとけばかならず題材となるほどの有名な骨肉の争いだ。当時の時代に生き延びてきた私たちの先祖もさることながら、その血脈がまたその因縁をもろに八百年受けてきたのである。

何かの集まりで、平家の残党だとか、源氏の流れだとか、平氏、源氏の家臣だったとか、「先祖は?」と聞くと「源（平）の流れである」という人がとかく多い。真偽は別としてそれらしい証明のような言い伝え、証拠の品などがあるので、当人たちも末裔《まつえい》だと信じている。もちろんそれでよいのだが、それほどに源平人間が、当時、そして代々多くの資料を日本各地に遺《のこ》すほど、底深く、幅広い氏族が、およそ八百年間、子々孫々、次代に波状的に因縁を流布《るふ》しているとはまさに驚きである。

言い換えれば、このように源氏とか平氏ゆかりの人びとは、以来八百年間も意識の底では争いつづけているということで、これが何かのきっかけで男女の交わり、夫婦となった場合、それが源氏平氏、それぞれ敵対の流れを持つ夫婦ならば、かならずいろいろの亀裂が生じるのである。さらに、その時代時代に、先祖の源平が意図して男女をひきつけ合わせ、あるいは夫婦にして、相争うのは、想像するだに霊界・現界ともに修羅場《しゅらば》である。

ましてや源平ばかりではない。源頼朝と義経の争い、そして源氏の滅亡から江戸時代に入るまで、記憶のままに乱、役《えき》、変など、かぞえてみると十四、五はある。特に戦国時代の終わりごろ、本能寺の変ごろまでの氏族、同族の争いが、いかに悲惨であったことか。現代人の想像では及びもつかないほどに、修羅の巷《ちまた》の五百年間があったのである。乱、役、変、戦いに巻き込まれた五百年間の人びとが、戦いに敗れ、死傷し、そしてそのための生活苦で相果てたり、いがみ合い、にらみ合いした歴史の、陰湿でものすごい状態は現代人にはまるでわからない。関係ない人も多く巻き込まれて、悲惨な生涯を送った人のほうが多かったのである。

死してなお激しく敵対し、また呪い合う怨念は、今なお霊界で真っ黒い霊となって争いつづけており、その霊界が現界に反映し、さまざまなかたちとなってあらわれているのである。

結婚問題だけで霊相を考えても、世の夫婦の大半は、そうした霊の争いの餌食《えじき》となっているといってもよい。先祖が仇同士の結婚の困難さは先ほど述べたが、具体的にはどうなるかといえば、夫婦の争いやうまくいかないで離婚したとか、「この嫁が来てから家が傾きだした」などの嫁・姑の争いとか、種々に凶とされる人生に及ぶ。または結婚して男女とも性格が変わってしまい、日本じゅうの苦を一身に集めたようにやつれることがある。これはほとんど対立氏族間のケースと考えてよい。気をつけて周囲を見回してみるとどうか。とかくこの組み合わせは、結婚直前、直後にギクシャクとする傾向が強いものである。

つづいて、先祖は反対だが、他の強烈な霊念のため結婚できる例を図で説明しよう。

今、仮に祖父母たちはすでに霊幽界に籍があるとして、その三代前までをとらえるだけにしておく。

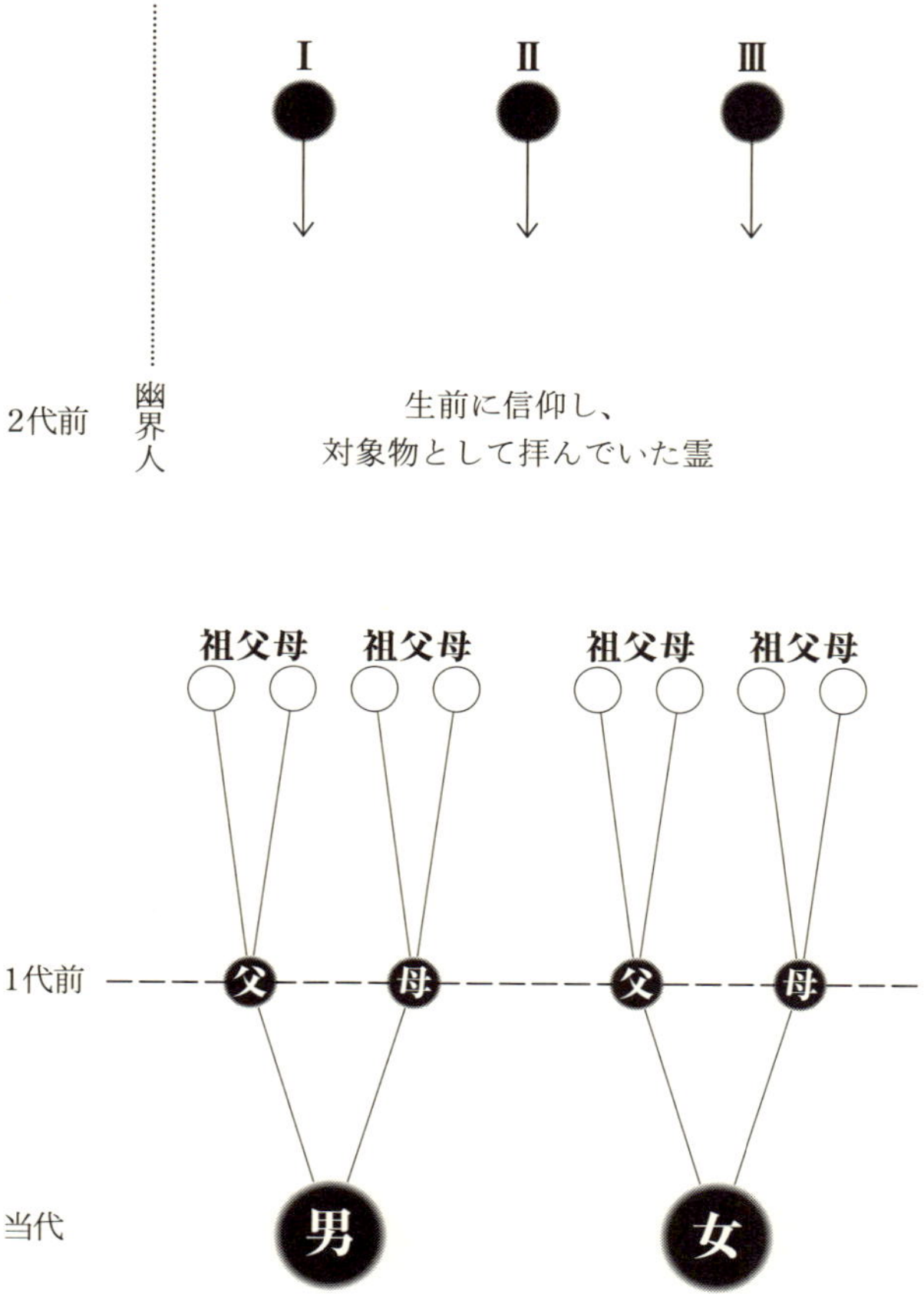

霊となっても、人それぞれに好みがある。まして霊幽界は、現界の〝未来の投影図〟でもあるために、現界人が歩く道の少し前くらいまではよくわかるのである。

そこで今、祖父母たちだけの霊念で考えてみても、「A男とB子とは相性が悪い」とか、「実際に一緒になると好きになれない」「男のほうには先祖の乱れが凄い」「B子の家はこれからだんだん傾いてしまう」といった程度のことは、祖父母霊にはよくわかるのである。したがって「A男、B子の結婚には反対」と彼らは主張する。

ところが、これら祖父母霊が生前信仰した霊があるとする。当然それらは祖父母霊を虜《とりこ》にしているはずだから、祖父母の霊念は抹消され、信仰の対象物となった霊の働きが大きく作用してしまう。わりに力があって、動物の下級霊が信仰の対象となるものだ。だから男女の結び合いや、結婚には、そうした霊のあやつりが多い。つまり、こうして結ばれた男女には、そのまま祖父母たちの信仰対象の霊が支配権をにぎっているかたちなのである。そこでは先祖霊の意思も、もちろん二人自身の意思も入れられない場合が多い。

不倫の子に取り憑いて「思いをとげた」憑依霊

ちゃんと仏壇でご先祖さんを拝んでいるつもりであっても、意外に当のご先祖が、実は小さくちぢこんでいるのだから腹が立つ。霊媒師や拝み屋さんたちがよく、「先祖さんはこの二人は相性がよいから結婚しなさいと言っていますよ」と告げるが、実際には先祖が言っているのかどうか疑わしい。先祖はもちろん幅広く奥深い愛情をもって子孫に接するのだが、ここに「酷使霊」の存在を知っておかねばならない。

三番目としては、結婚においての動物霊の働き。もはや説明の余地もないほどにわかってもらえると思う。結果はほとんどマイナスである。色情縁では、いくら用心しても幸福は得られない、といってもいい。

動物霊が憑依霊現象となって、人間様の異性を抱きたいケースなどさまざまではあるが、そういう動物霊に取り憑かれると一様に、実にむごたらしい結果に終わる。しかも、これがさらに怖いのは、周囲の親兄弟、親類、果ては友人なども喧噪《けんそう》の渦にまきこんでしまうからで、これは人騒がせな結婚だ。

また、先祖のつぐないで結ばれる男女がある。霊因はさまざまで、そのかたちも多いが、一例をあげて理解してもらおう。

江戸時代末期から明治初期にかけて、この世の生活をしていた男霊Aの告白である。彼は生前二回結婚したが、二回とも失敗に終わったという。初婚では本人の素行が乱れ、家族が貧乏のドン底にあえぎ、結局は村じゅうの鼻つまみ者になったあげくに、Aはある日突然この村から消えてしまった。以後、死ぬまで故郷の土を踏んだことがない。

二回目の女と所帯を持ったのは、村を出てさすらいの旅を続けた後のことだった。故郷を離れてから十年。どこへ行っても、そこに半年とは居つけなかったという。たまたま、どういうわけか、日本海に面したある小さな漁村で、しばらく住みつくようになった。村人が暖かくしてくれて、ここではおよそ六年間をすごしている。

この漁村の、ある漁師にとついだ女で、結婚して二、三年たったころ、夫を亡くした人がいた。その夫は、ある日イカ漁に出たがひどい嵐にあい、大波のために沖に浮かぶ小島の岩壁に舟ごと叩きつけられて死んでしまった。以後、未亡人生活を送っていたが、口をきいてくれる人があって、二人は正式に所帯を持ったのである。これはたまたまその時分に、A霊がこの小漁村に迷い込み、皆に歓迎されたせいではないだろうか。

しかしともあれ、二人は幸せだった。ただし、Aがこの女と結婚して四年目、村に何十年なかった凶事が襲うまでは、である。現代でいう強盗殺人事件が、この平和な村に突発したのである。それまでは、たとえば落としものをしても、拾った人が必ず村長にとどけたり、しかるべき方法をとってでも落とし主に届けるようにするなど、平和そのものの村だったから、容疑はこの新入りのよそ者にかけられた。Aにとってはまるで熟睡中に体をバットで殴られたようなショックであった。

しかし、Aは村人に捕えられる前に港から脱出した。愛する妻にはすでに子が生まれていたという。余談だが、その時、後に心をのこしながらその土地を去らねばならなかった?の、妻子に別れをつげるときの様子は、私も、思わずタジタジとするほど悲痛だった。

泣き、わめくさまは文字通りこの世のものではなかった。

以後、彼は小浜、三国、金沢をさまよい、誰にも見とられず野たれ死にをしている。

それでは、A霊はどのような方法で償いの法を見つけ出し、一心不乱につとめているのだろう。

金沢市の近くに、小松というところがある。私も所用があって訪れたことがあるが、長い歴史を感じさせる街である。Aはこの小松市の海岸で死んだようである。その付近は今、市立の墓地などがあり、見るからにさびしい。小松市のうちの陰性の片隅と、私は見た。

それはともかく、後にここで女児C子が出生した。C子がこの話の主人公である。C子は同じく日本海に面するM市に嫁に行った。A霊は、C子の出生の秘密を語りたがらないが、どうやら、不倫の子のようである。そして私がひそかに調べた資料で気味悪く感じたのは、なんとA霊がかつて小漁村に拾われ、とにかく一生に一度の短い期間にせよ楽しく生活したその漁村の、しかもA霊の実の孫のもとに嫁いでいるのである。それを現地調査で知って、正直、私は両膝がガクガクしてヘタヘタと座り込んでしまった。

妻子が忘れがたく、以後の自分の生活は、悲しみと怒りと嘆き、激しい慕情のうちに過ごしたのであろう。その執念が霊の寄りどころとなって、Aは不倫の結果生まれた赤ん坊C子に、憑依霊としてのりうつったのである。

私はC子の嫁いだM市の某氏とおよそ半年間のおつき合いをして、じっくりこの夫婦の生活ぶりを観察させていただいた。女房殿は夫に対して実にいたれり尽くせりで、見ているると、ほほえましさを通り越して一種の無気味なひたむきさと、A霊にはわるいが、性的なえげつなさを全身に感じて、ほどなく私のほうから交際を絶ってしまった。

とにかく、健康的とはいえない憑依霊現象そのもので、私の専門的立場から見ると、？霊の生前の因縁の全部（出生から死亡まで）をこの夫婦が再現し、A霊の生涯にほぼ似た、悲しい道をたどるのではなかろうかと、肌寒い思いがしたものである。

以後、A霊とも、夫婦とも交流はないために、現在の彼らの生活は知らない。願わくばA霊が早く自らの悲しみを浄化して、実の孫夫婦に同じ轍《てつ》を踏ませぬようにと祈るしか術《すべ》がないが、先祖の償いにあっては、もちろん吉も多いが、やりすぎて異常なケースもありえることを、私たちは考えなければなるまい。

背後霊の相違による「結婚の吉凶」

結果的には、みのらない恋なので、このケースは、結婚より恋愛として考えるべきかとも思うのだが、ただこの霊因で結婚生活に入っている組も少なくない。すなわち、男女とも背後霊の動物霊が憑き、その働きで結び合う。とにかく不倫とか、略奪愛とか、よこしまな関係がほとんどである。

実例をあげておこう。男四十九歳。この男には妻子がいる。女二十歳。独身、もちろん未婚である。この二人は二年ばかり肉体関係が続いた。この男女の因縁を図示してみる。

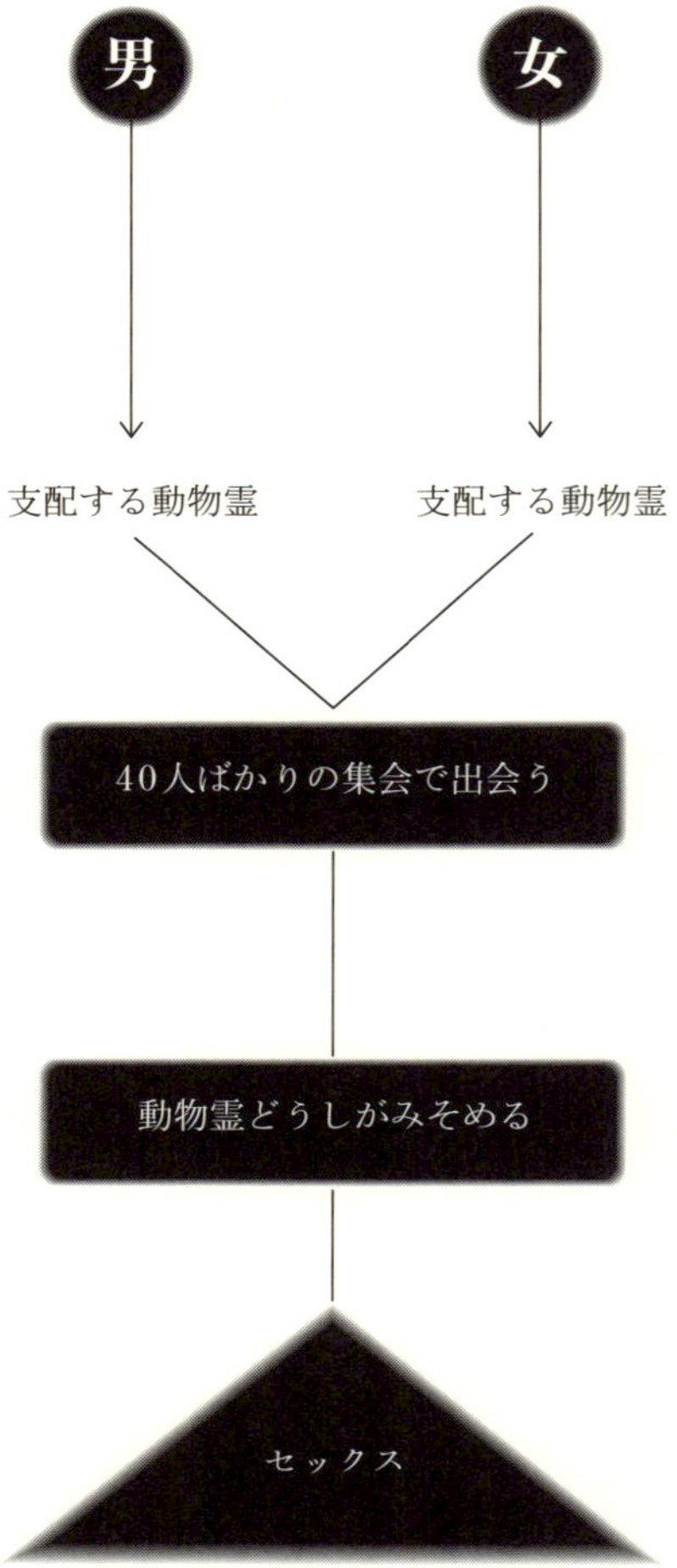

この二人は結果としては、争い、もめごとが多く、最後は別れが待つだけの関係である。プラス面は何もない。世は不倫が一種のブームとなり、そのころからこの種の霊作用が目立った。おやおやと思ううちに、昨今では泥沼にのめり込んだような様相になっている。

小学生、中学生、高校生なども、母親が受験のために異常なまでの執念を燃やす。しかしこの種の動物霊は人間の執念が好きだから、魅いられて憑かれているうちに、よほどしっかりした人でも運命が損なわれる。息子のセックスの処理を母親自らがやってのけるなど、ただ動物霊だけがやれることである。しかもこの実例が表沙汰になるのはほんの一部。大部分は世間にはあらわれていない。不幸にして暴露された(?)実例はほんのひとにぎりでしかなく、実際のこの性の動物霊のあばれようは、数が多くまさに尋常ではない。

冒頭にあげた男女のケースだが、男に憑くのは意馬心猿の動物霊、女に憑くのは陰湿霊である。そしてその逆の霊相もある。

さて続いては、背後霊が合致した夫婦だが、別なことばでは相性がいい、ウマが合った二人という関係だ。しかし、これも非常に複雑多岐で、とても一例で全部を言いつくすことはできない。むしろピントはずれの危険すら感じるが、それはだんだんに理解してもらい、まず浜の真砂の一粒であるところのケースを示す。

A君とBさん。

A君は十八歳三カ月、Bさんは十七歳一カ月の年齢で結婚した。

両家の両親も親族一同も、「経済的にとても無理だから」と反対したようである。しかし、二人はみんなを説き伏せて結婚し、以来、二人は悪戦苦闘しながらも生き抜いて、今は自営から出発した商売を、小さいながら株式会社にまで成長させ、そこの社長として数十人の部下を従え、活躍している。当時、反対した親類縁者のみんなが「A様」「B様」と、いろいろ相談をしたり、経済面でも多くのうるおいを得ているのであるが、二人はそれを少しも苦としていない。

二人の背後に憑いている霊魂の働きが何なのか、それを説明しなければならないが、その前に、そもそも霊魂の所属階層について俗っぽく説明してみる。ついでだから、マイナスとなる背後霊の結合も記しておきたい。

A君、Bさんは、ともに背後霊が先祖霊である。そして成仏界の上位に位する。まず背後霊同士が握手して活躍しているので、二人は見事結ばれたし、当然A君、Bさんの人生はプラスとなる。

ところが、これが憑霊界の不浄霊が背後霊となったとしたらどうだろうか。次にその実例を挙げよう。次ページの図示中の憑霊界の中と下の霊のケースである。

明治十年ごろ。ある男が近くの女性を見そめたが、身分がまるで違うために、自分の心を打ち明けることができなかった。しかし、なんとかの神だのみで、男は道端のお堂に一

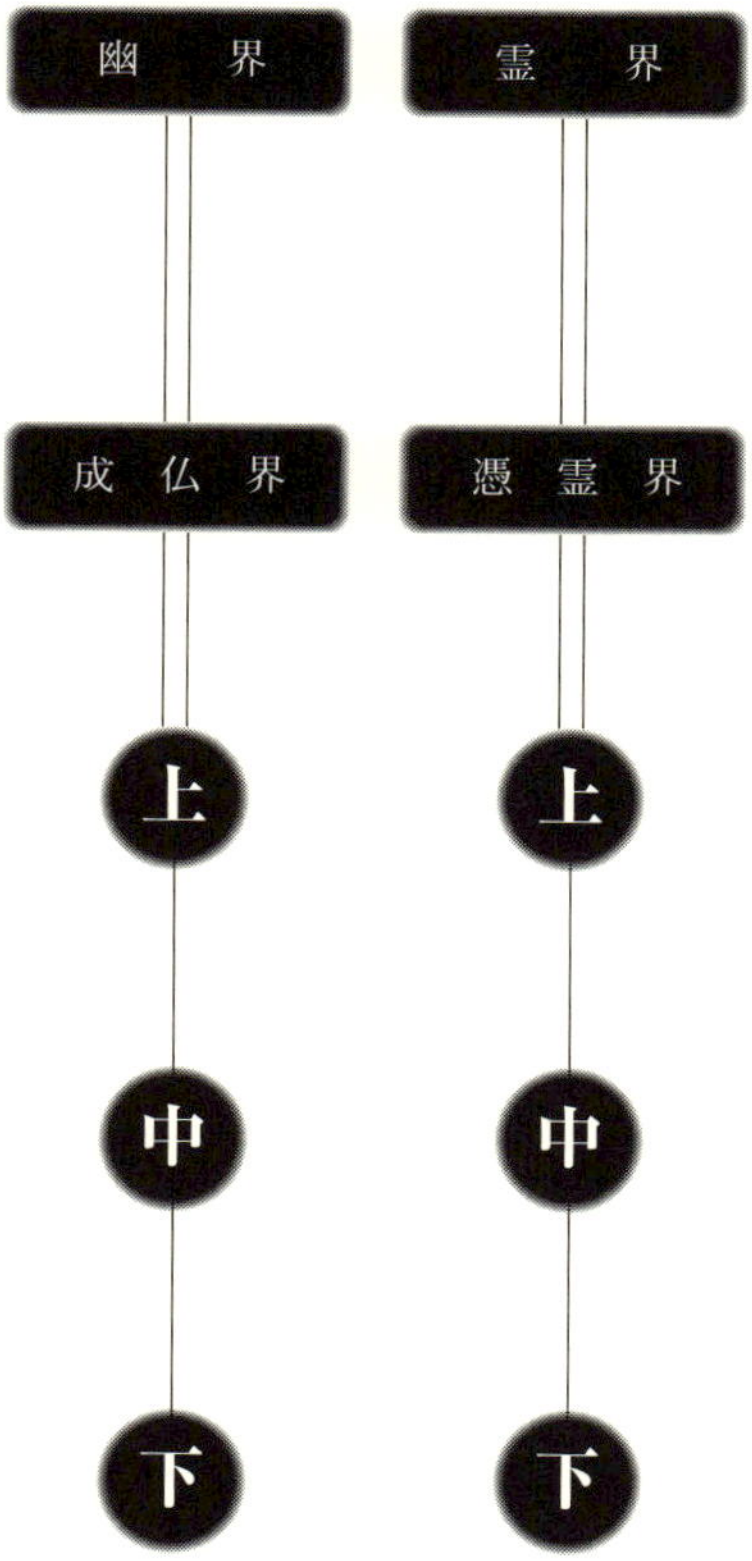

心に願掛《がんか》けをした。するとどういうわけか、その娘は肺病になり、どこにも嫁に行かず二十八歳で死んでしまった。男は激しく落胆し、当時は土葬だったのを幸いに、死体を掘り出してそのまま半年以上も添い寝したという。晩秋から、春三月頃までの時期ということなので、死体は腐りながらも、姿形はあったのだろう。しかし結局は、男も狂乱してそのまま死んでいった。そして今は生前のままの憑依霊となり、すでにおよそ数十人の肉体人間に取り憑いて、異性の肉体をほしいままにしているのである。

私がこの霊に巡り合った当時すでに、その霊の凶歴は殺人二件、離婚させた件数三十二

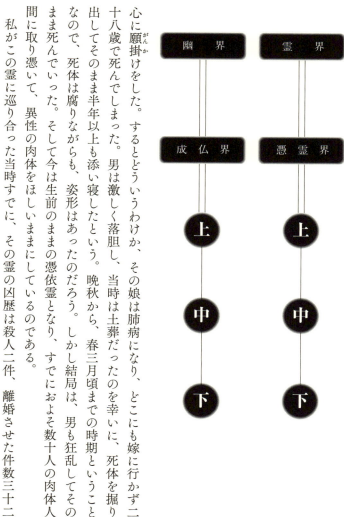

件、女体を食いものにした件数は十件ばかりであった。この霊はだいたい、歓楽街に出没して欲情を発散させている。われわれ現界の肉体人間をそこで襲っているのである。ついでだから言うが、居酒屋とかクラブ、バー、ラブホテルなどの商売をするには、このような霊を迎えると、意外に繁盛することもあり得る。次つぎと客をつれてくるし、おどかしてでもお金を使わせるからだ。

実は私は、この霊を霊査するのに、いつも吐き気をもよおした。霊に何回問い尋ねても、答える調子はいつもうつろ。そのうえ、ちょうど語調が夏に犬が呼吸を激しくするのによく似ていて、常にそこに何かあれば食いつく姿態をするのでゾッとした。

背後霊が後ろで糸を引く愛欲の相を既述したように二つあげたが、この例はもっとも種類が多く、またその背景も複雑多岐にわたっているために、とうていこの二例だけではニュアンスは掴みきれない。だが、この二例で、結婚がどういうものであるかは、ある程度わかっていただけたのではあるまいか。先の例はいちばん幸せな例、A君、Bさんに限らずとも、このように、双方の背後霊が先祖霊、しかもすでに霊界入りした霊であって双方好み合う霊であると、男女の愛の生涯はもっともうまくいく。夫唱婦随でも婦唱夫随でも、その共同関係はかならず人も羨むほど。近所で評判のおしどり夫婦とか、共同していつでも人生の難事に対し、生涯笑いを忘れない夫婦などは、かならずと言っていいほど、このケースである。

逆に、二番目の怨霊というか、執念霊の背後霊に憑かれた男女は、会えばすぐ爛《ただ》れたような愛欲関係に入り、常にその周辺はスキャンダルと犯罪の匂いに満たされる。そしてついには凄惨な生涯となる。それは深窓の令嬢でも、大家の御曹子でも、まぬかれることはできないのだ。

美人ＯＬを尻軽女にした「ものぐさ霊と色情霊」

結婚の霊相をいろいろ述べてきたが、同様にしてあと九つ、典型となる霊相を書いておこう。

七つめは奇妙な表現のようだが、ものぐさ霊による結婚の霊相である。説明されればきっと合点がいく人は多いはずである。

Ｋ男、関西にある大製薬会社に勤務する三十二歳。Ｔ子、その元同僚で二十七歳。

Ｋ男が自分の課に入ってきたＴ子を見そめたのは八年前。美人だしおとなしい娘なので、なんとか一度デートをと思っていたが、Ｋ男も引っ込み思案だし、当時は会社も社員の職場恋愛には警戒的だったので、なかなか言い出せず、半年間ほどは悶々としていた。

ところがある日、退社後、同僚と行きつけの店で飲んでいると、二つ隣りの席にやはり同社の他課のグループが飲んでいて、盛んに上司、同僚、女子社員などの悪口を吐いている。聞くともなくその話が耳に入ってくるうちに、K男は自分の思うT子のことがそこで大笑いのタネになっていることに気がついて愕然《がくぜん》とした。T子が外見には似ない、いわゆる〝させ子〟で、すでに同社の何人かの男たちがT子を抱いているというのである。

聞いただけで、K男は手がブルブル震えるのを感じた。同時に、話している男たちを、一人残らずその場に打ちつけたいと思った。

翌日、勇を鼓してK男はT子にその夜のデートを申し込んだ。すると、T子はそれを断わらないばかりか、「はい」という返事。その声がK男にはまるで自分の申し込みにT子の胸が震え、それを押し殺した小さな「はい」のように聞こえた。四度デートをしたが、四度ともT子はあまりしゃべらず、どこにでもK男の行くところについてきて、しかもそれが嬉しそうに見えた。

いよいよ五度めのデートの時に、K男はT子に結婚してくれと頼み、そして初めてT子の肩を抱いた。T子は結婚にその場では何とも言わなかったが、ただK男の差し出す唇には何にもさからわずに自分の唇をまかせた。

さて、話の結論に入る。K男がT子に音《ね》を上げたのは、結婚後、八カ月ほどしてからだった。T子は投げやりではないのだが、無責任な女だった。また愛し合って結ばれたはずなのに、少しの情熱も感じられない女だった。おとなしくて芯が強いと思ったのに、おとなしいのは無理に人と話すのがうっとうしいだけ、芯が強いと思ったのはめんどうくさがりで、あまり臨機応変に生きる自信がないため、表面を固い殻《から》でおおっていたのである。

そしてある日、まさかと思っていた例の話を詰問《きつもん》すると、T子はそれほどの苦渋《くじゅう》を見せず、会社時代に五人の男とデート、四人とは迫られるままに肉体関係も持ったと話した。

「ものぐさ霊」の働きとは奇妙に思うが、これもまた事実としてわかってもらわなければならない。というのは、すでに守護霊の章で、この個人にとっていちばん大事ともいうべき霊が、実は自分が誰の守護霊なのか、それを知らずにのんびりしている例があると述べた。まったく、世の中は広いと思わざるを得ない。実はこのT子には、そういうものぐさ霊が憑いていて、彼女に外見とうらはらな、だらしない生活をさせていたのである。

守護霊は守護として働いていながら、当の守護霊自身がそれに気づかずにいたというのは、お笑いですむが、T子のようにマイナスの背後霊のものぐさは、これははっきりとなまけに通じて始末が悪い。すなわち、女性にものぐさ霊が背後にあって、なおかつ色情霊でも憑いていれば、これは厄介だ。誰にでもいとも簡単に肉体をあてがってやるということになるのである。しかも、けっしてそれを悪意でやるのではない。とにかく、世のなまけ者には、ものぐさ霊が憑いていると判断すべきである。

実は霊魂と肉体がこれほどに密接に仲よしクラブとなれるのは、ものぐさ霊が憑霊のナンバーワンではなかろうか。タテの物をヨコにもしたくないというのが、ものぐさである。

しかも実際にそんな霊が多いのだからご用心。
以下、⑧から⑮までは、簡単に個条書き風に紹介する。

男も女もやたら「縁結びを祈る」と危い

⑧好奇心の強い背後霊の働きによる夫婦は、関西でいう「いけず」になる。あるいは、人の欠点や秘密をあばきたがり、そして人の不幸を内心で喜び、調子よい家庭の雰囲気とか、運の上昇をやっかむ霊が片方に憑き、その強引さで一方を惹《ひ》き寄せるカップルである。これもまた、実に厄介な霊魂の結びつきと言わざるを得ない。しかもこの霊は移り気が特徴である。

あなたも周囲を見回すとピッタリの人物がたくさんいるではないか。惹きつけられたほうの霊は、少々嫌でも相手霊の強さに刃向かえない。好奇心の強い霊はそれをいいことにふるまい、そのくせ自分のミスはあらゆる手段で押し隠そうとする。実に曲者《くせもの》といえる。

⑨祈願による霊の動きによった結婚。神社仏閣や道端の地蔵に至るまで、肉体人間はよく祈念をする。そこで頼まれた霊は、「よし、それならワシがやったろう」と、その肉体人間の願いに応えて、いわば霊と人とがその約束によって働きだし、そして結ばれ合った

霊魂とでも表現するのが適切であろう。

この種の結婚、縁結びは実に数が多い。彼ら霊魂にとっては、実は縁結び、縁切りは意外に簡単とも思える。

今、A君がB嬢となんとか結婚したいとして、夜も日も眠れないとする。悶々とした気持ちがこうじて、しまいには「溺れる者は藁《わら》をもつかむ」の譬《たと》えのとおり、近くの神さん頼みをする。たまたま、そこに力はあるが失業中の霊がいたとする。一つの仕事にありつこうとして、虎視眈々として狙っているわけだ。いわばA君がそのよいカモとなったといえよう。

その失業霊（正しくは浮浪霊という）が、とにかく頼んだ人の守護霊とかB嬢が持つ背後霊、憑依霊よりも力関係が強ければ、またはそれらの霊たちがこの浮浪霊の仲介で結果的に握手をすれば、ここに結婚がめでたく成立という仕組みになるのである。縁切りも同じようなものだ。

ただし、このような仕組みの結婚は、たいていマイナスの夫婦関係となる確率が高い。それにこのことに働いたその霊は、かならず将来その代償物、それも法外に高いものを要求する。金銭でいえば、十万円相当の仕事をしてくれて、百万円也の請求書をよこすという次第である。いたずらに軽率な神だのみも、考えものである。

⑩背後霊をあやつる霊の働きによる愛欲の例。すでにあなたもご存知のとおり、あなたの背後で支配する霊のさらにその奥で支配している霊がある。結婚に関してもこの霊はありとあらゆる問題で糸を引いているのだから、実に恐ろしい霊である。その名は神々の眷《けん》族《ぞく》霊である。これは時としては、いや、多くの場合、突拍子もないことをやってのける。また逆に強烈に利益面に働いて、結婚およびその二人の生涯を、俄然プラスにしてくれる場合も実に多い。まったくのぐうたら男に、巨万の富や能力のある女房を授けたりする。

⑪背後霊同士の誓い合い、つまり二つが握手をすることからの結婚であって、実はこれは前に説明してある（一六四頁）。プラス例だけをとりあげれば、人も羨む仲となり、世にいうオシドリ夫婦の典型となる。霊魂同士が生前に結ばれなかったとか、生前に一方が、他方に大変にお世話になったその恩返しをして、霊象となるのがこのケースである。

⑫先祖が生前夫婦であった結婚。説明の必要もないだろう。もちろんプラス。

⑬先祖同士が生前仲よしであったが結婚できなかったのを、この結婚で果たすケース。

⑪、⑫と同じ道理の特例で、それは激しい情熱による一生である。

⑭両家の先祖たちが互いに合致しての結婚。これがいちばん申し分のない結婚である。風雪幾星霜なりとも生き抜く夫婦で、美しく花咲き、実がみのり、安定した状態に導かれること間違いない。

⑮片方の霊の怨念が生贄《いけにえ》を求めての結婚。すでにサンプルを示したケース（一六七頁）だが、実に始末が悪い厄介きわまる夫婦なので、典型化して一ケースとするものである。

以上、結婚にからむ霊相の典型を詳述した。もちろん、現実には、これよりたくさんの結婚の霊相がある。ありふれた契《ちぎ》りと思われる背景にも、よく見ると霊幽界の葛藤《かっとう》や奥深い色気が潜在し、男女の愛欲の妖《あや》しい糸が感じられるだろう。

読みながら、自分はどの型であろう、またどの型でありたいと願っても、霊相は「結果相」といわれ、普通では後でしかわからない。そこが現界人の悲しいところである。また霊能師、霊術師でも、誰かに特定の結婚の霊相をあたえるのは至難である。結果的に霊査でその霊相をさぐり、よりよい結婚となるための処理が、いろいろな霊界の力、神界の力を借りたうえで可能なだけである。

中年紳士と女子高生はこうして「性の地獄」にはまった

男と女の結びつきの説明によって、賢明な人ならもう、性行為にからむ霊因のあることも、推察されていると思うが、これも一つの実例をあげてみる。

人体は自然の摂理で、一定の成長をすると性欲もおのずから高ぶってくる。しかし、もちろん、色情因縁霊は、霊幽界にはそれこそわんさといるので、それらは日夜あなたを狙っている。色情因縁霊がなぜこれほど多いかは、生前の欲、特に性欲がいちばん捨て切ることのできないものだからだと思う。それほど霊念は人体にのりうつり、色情の思いを遂げたがるのである。誰でも男女本人同士は、自分の意志でセックスをしていると思っているが、実はやらされているといわねば間違いである。

こんな実例がある。T氏は会社の出張で、日本海に面したS県に三泊四日滞在したことがある。特急に乗って出張先に向かうおり、京都駅からたまたま若い女の子と同席した。つれづれのままにその女の子と話をする機会を得た。聞くと女性は高校二年生だという。夏休みにアルバイトでかせいだので、山陰方面をブラリ、気ままの旅行をしてきた帰りだそうだ。T氏は某証券会社の支店長。人生の経験も常識もあり、学識・知性・教養を持ち合わせた立派な人物である。

ところが、この女子高生と、話に興じるにつれて、なんとなく肩が触れ合う。相手のほうもこちらの手をとって、アッという間に恋人同士のような雰囲気になってしまったという。すると不思議、T氏もまわりの乗客の目が苦にならなくなった。少年のように上気してしまって、まさにこの世の春の感じである。

もちろん、T氏は投宿先のホテルに彼女を誘った。情交もごく自然な順序でできあがってしまった。たちまちその日からT氏には夢のような毎日。世界中の幸福を一身に集めたような喜びで、まるで恋愛小説のように、熱く彼女の心身をいとおしんだと、T氏は告白した。年齢差が三十二歳。相手は高校生の少女である。ところがその女の子は、身をとろけさすような妖しい雰囲気を持ち、処女であったのに性のテクニックをほどほどに知っていて、「おじさま」「おじさま」と女優顔負けの演技で迫る。それにかゆい所にも手が届くくらいにこっちの心を察し、シャキシャキと手際よく事をはこぶ。「いったいどうなっているのだ」。三夜のうちには何回もT氏はそう思った。

まるきり彼の知らない世界。そして、少女の世界である。支店長のブヨブヨした女房殿も、もちろん昔は若かった。しかし、雰囲気は少女と雲泥の差で、たちまちT氏は、女の子に溺れ、落ち込んでいくのを感じた。とてもこのまま別れられない。

相手にそれを言うと、少女もそれでいいという。連日、出張だ、会議だ、接待の宴会だなどと苦しい嘘をついて、少女との逢瀬を楽しんだという。それがおよそ一年半も続いたというから、どうなっているのだろうか。すでに中絶も二回させたし、日増しに?氏の独占欲がつのる。いつも、自分のそばに置きたいのだ。とうとうＴ氏は考えに考えぬいた末、彼女が高校を卒業すると同時に、名義をお手伝いさんとして我が家に入れることにした。

幸か不幸か、Ｔ氏夫人が子ども（男の子・中一、女の子・小四）のＰＴＡの副会長と会長に選ばれ、そのための会合に三日とあけず家をあけねばならなくなったのである。

このあたりの霊幽界の仕組みは実に巧妙そのものだ。企画マンとして評価すれば、彼は成功者とみて間違いないだろう。そしてこの実話はまだ続き、もっともっと枝葉が伸びるのだが、この場合はここまでで十分ではなかろうか。

とにかく、Ｔ氏と少女の関係は、二年間、人にも知られず続いているのである。

いったい、このことの霊的な背景はどうなっているのだろうか。Ｔ氏は私もよく知る人物なので、早速、それを霊的に分析してみたい。

実は二、三の社員が支店長のＴ氏を京都駅のホームまで見送りをした。その一人の女性に憑いていた色情因縁霊が少女に移り憑いたのである。この女性はかねてより支店長に淡い思いを抱いていたが、その日は、二、三日Ｔ氏の顔が見られないという気持ちもあって、特に恋慕が強かった。その念力がくだんの色情霊を動かせる因となったのであろう。

一方、女子高生のほうには、旅に出ようとした時から浮遊霊が取り憑いていた。同じ色情因縁霊だった。だから両霊は合体の行動を起こし、処女である少女の体に、成長した女性の欲望を植えつけたのである。

T氏は夢のような出会いだったというが、実は少女のほうはもっと夢のようだった。なぜかT氏が慕わしく、夢にも思わぬ性的欲望が体を灼《や》いたのである。

「人妻の浮気」をそそのかした浮浪低級霊

もう一つ、こんどは女性の例をあげよう。

最近は主婦相手のカルチャーセンターが人気で、いろいろなスポーツ、文学、宗教、趣味などの会がある。K夫人はそうした一つの会に入会して、積極的な活動を続けている。ところがそこで四年ほど前、副会長と肉体関係ができてしまい、今もそれが続いている。もちろん、お互いに、夫も妻も子どももいる間柄であり、しかもこの会はボランティア関係では市民にも認められている。まして両方ともに、職種の高級な人たちであって、教養、人柄も申し分なし。信頼度の高い印象を受けるから、それを知ったとき、私は人は見かけによらぬものだと思った。とはいえ、私も、会という会——スポーツ、文学、宗教とか、趣味、句会、舞踊の会、演劇など——をいろいろとのぞく機会は多かったから、どこにもこういう話があることは知っている。不思議に例外の会はなかったものだといえば、言いすぎとおっしゃるだろうが、色情的な因縁がこうした会に意外に多いのには驚きだ。

話を元に戻す。たまたま、どういうわけかK夫人に関する相談のオハチが、この私に回ってきたのである。もちろん、一面識もない人なのだが、ある朝、思い悩んだ顔で、その主人がやってきて、ポツリポツリと「私も社会的に信用とか責任のある地位にあって、こんなことでは実際困るんですが」と、話しはじめた。

聞くと四、五年前から、K夫人は主人のKさんとの性行為を拒むようになった。そして今日まで、ぜんぜんセックスがないという。四十五歳と三十九歳だから、まだおとろえたとはいえまい。それどころか、その時分から、K夫人は夫をあざむきはじめた。ボランティアの小委員会だとか、話し合い、打ち合わせ会などと称し、三日にあけず家を留守にする。帰宅も午前様である。月に二回ほどは会のレクリエーションで、二晩ぐらいの外泊が多いという。

これを私は霊的に分析してみたが、実に奇怪な答が出た。

いきさつは、K夫妻が結婚するちょっと前から始まる。夫人はそのころ、K氏のほかにB男とも恋仲であったらしい。B男の母の姿が霊視に出てきたのである。B男の母親も、K夫人がどうしても嫁にほしかったようだ。ところが、なかなかB男がイエスと言わないので、困った時の神だのみではないが、自分が平素信心をしている不動尊に事の次第を告げ、いわゆる願掛けをしたようだ。もちろん信心団体の信者である。教祖も「それはお気の毒」として、とにかく二十一日間のお籠《こも》りをさせた。しかし、その満願のころに、その効もなくK夫妻は結婚したのである（教祖は大きなマチガイをしでかしている。よく霊査をして――というものの、その教祖に霊査能力があるかないかは疑問だが――原因を調べなければならないのに、彼は金銭欲と母親への同情心のためだけに、無意味な行《ぎょう》をさせている）。はたして、願掛けは成功しなかったのか。願の目的からはそうである。だが、まったくの無効果だったわけではけっしてない。むしろ、恐ろしい効果を示し、のちの事態は、実はこの願掛けが引き起こしたのだ。

だから、この願掛けを、ここでは①の要素としておく。すなわち、この①の要素の願掛けによって、浮浪低級霊が、しかも複数で動きだしたのである。K夫妻にいろいろの邪魔をしながら、二人の結婚をご破算にさせるために懸命に働きだした。

当時のそのありさまをいうと、Kさんは結婚直前のころ、本来ならば二人とも晴天の心気で、望み多い日々であるはずなのに、どうしても気が浮き浮きしない。それどころか逆の状態であった。それに平素は疎遠な親類から、とやかくイチャモンはつけられるし、嫁方の実家からも何かと注文が多くなって、しまいには父親が癇癪《かんしゃく》を起こし「この縁談はなかったことにする」と、息巻く始末。これらはみんな願掛けによって浮浪霊が動きだした現象である。

ところがここに今一つ、深い霊因がひそんでいるので、それを②の要素とする。すなわち、K家も夫人の実家も、B家とは別の信心団体の信者で、ここの教団霊が以前から両家の背後で手を取り合っていたので、B家の出現で渦巻き状態となってしまった。つまり、両方の団体の霊群の争いにまで発展してしまったのである。K家が信仰している団体のほうが大きく力も強かった。そのためB男のほうの霊団が負けたかたちで休戦状態となり、一時はギクシャクしたが、まがりなりにも、めでたく挙式も済んだのである。

しかし、事態はやがて第二段階となる。当時、K家が所属する信心団体には、先代の霊感師が物故者となって以後継承者がなく、霊相はないのに教祖を名乗る者がいるだけの団体となっていた。つまり、新しい霊界の声とか霊のお示しとかはないのに、先代教祖が残したもろもろの資料だけを受け継いで、霊力がないのにそれらしい活動をやっていた。だからその時どきの霊相はまったくわからないのである。

反対に、B男が所属する信心団体では、まがりなりにでも前述の一応の霊感師が教祖となっている関係上、是非はともかくその教祖から母親へと、次つぎに霊示的指示があたえられた。ついにこれが霊因となって夫婦生活の破綻《はたん》の始まりとなり、苦悩の四年間となったのである。

それが、霊的分析の結果にあらわれて、Kさんは愕然《がくぜん》となった。

「それでは、この処理方法は」と、苦渋に満ちた顔で尋ねる。しかし、もうこうなると、手段を講じようにも、時は遅すぎるのではないだろうか。Kさんは私の霊査のことを夫人に話し、その反省をうながしたが、やはり夫人には届かなかった。

今度は逆の実例を挙げてみたい。ただし、あくまでこれはセックス面のみをとりあげるのだから、登場人物の一生全部ではない。

現代版「紀伊国屋文左衛門」と先祖霊の働き

さて、問題のO氏の相談原因だが……三十八歳までは異性関係のトラブルもなく、夫婦間のセックス行為もまず円満の部類に入っていた。しかしそのころから背後霊が替わったとはっきりわかるほどに、めざましく運勢が好転しはじめた。下積みのサラリーマン生活から、いわゆる脱サラに踏みきり、水商売をやりはじめたのだが、これが大当たりで、大繁盛。サラリーマン時代の十倍もの純利益をあげるようになった。世の中はだから面白い。思い切りよく脱サラ人生を始めても成功する確率は低いだろうが、O氏のように金的を射とめる人もあるものだ。

金銭面が豊かになれば、たいていの男にはギャンブルか、女性関係が生じる。お定まりのようにこのO氏も、女体の探求に精を出して、数人の愛人を抱える身分となり、しかも自分の家庭には騒動も起こさずにいた。本妻はもちろん、二、三号さんそれぞれ互いに気づかず、そのうえに色街でもけっこう楽しんでいたと、本人は言う。

さて、これはまだO氏の話の前段だ。

後段はもっと仕事運も伸び、艶福もアッと目をむくほど広がった。

今ではO氏の仕事は金沢、小浜、敦賀、大津、京都、大阪に伸びた。チェーン店を二十店舗も経営している。そのうえ奇態なことに、そのチェーン店の店長がみなO氏の彼女なのである。みんなが彼と肉体関係があり、しかもその親兄弟、親類がみな従業員として店で働いている。男とすれば、ますます人生が面白く思われるだろう。本妻があり、二号、三号があり、さらに二十人もの関係した女性を上手に使っているのである。「交通整理が大変でしょう」と問いかけても、ニヤニヤとばかり笑っている。腹が立つことには、そしてどの女性も、みなけっこう満足しているというのである。不思議としか言いようがないのは、どれもこれも自分以外にこの男に女がいるのに気づいていないらしいことで、こうした霊力の巧妙さには痛みいる。

水商売とはいえ、この男の仕事は一店一店の事業が違う。すなわちスナック、飲食店、中華料理店、小料理屋、レストラン、ラブホテル、パチンコ店などで、一つとして同じ業種はないから驚く。しかも、店はみなその土地の生え抜きの女性たちに任せているので、彼女ら自身がセールスマンとなって知り合いや親類、同級生等々を呼びよせる。自然と客もふえて商売もうまくいく。もうここまで書くと書くほうも開いた口がふさがらない。

だが、実はそのO氏が「現代版、紀伊国屋文左衛門だな」と、自分を表現したことがある。あなたも商売のやり方の現代版、あるいは未来版としてこのことを真剣に考えてみたらどうであろうか。まず商売上手で、しかも巨財を一代にして獲得し、そして、艶福家であった先祖を探し得れば、この男と同じになれるはずである。しかし一億に一つも、そんなうまい話の先祖はいないだろう。しかも好事魔多しが定石《じょうせき》である。

では、そろそろこの話の謎解きをしよう。いったい、どういう因縁によって、この男だけにこんな事業運がつき、そして異性縁が豊富なのであろうか。

実はこのＯ氏（名前を言えば多くの人が彼のことを知っているだろうが）、自分でもなにか気味わるいほどのツキように、私に霊査してみてくれと頼んできた。私も霊査してあまりのことに驚き、特に後段は彼の口からでなく、彼にこの運命をもたらした、彼の背後霊から聞いたのである。彼も私がそれを言い当てた時は、しばらく絶句して私を見つめた。

「今様《いまよう》、紀伊国屋……」は、その時、彼が吐いた唯一のことばなのである。

いよいよ、彼の背後霊、Ｏ老人の話に入る。Ｏは江戸時代の初め、琵琶湖の水路を利用して、福井、富山、石川方面の物産を一手に京都に搬入、巨満の財を得た男であった。

子孫Ｏ氏が三十八歳のとき、思い迷った末に水商売をやろうと心に決めた際、男の守護霊に頼まれて背後霊に立ち、自分の得た知恵や才覚をこの男にあたえたというのである。

その先祖は富山、石川、福井、滋賀、京都、大阪の経路の要所要所に、旅の宿となる民家を造営していた。それも金にまかせて可愛らしい娘、勝ち気な女、やり手の女、心の優しい女、男に情のこまかい女とかを選りすぐっては、留守中の家守りに置いていた。初めはただの手植えの妾を、そのように置いておけば旅宿にも便利だと考えていたのである。しかし、そのうちに気の利いた女の一人が、どうせ旦那はいつもいるのでなく、家は広いのだから留守中に旅籠《はたご》が営めれば、自分も旦那も助かるのだからと親類縁者に語りかけ、その人手を集めて営業を始めたのである。

先祖にはそれは新鮮な驚きであった。それでそのことを行く先々の自分の女に話した。すると女たちみんなが、このアイディアをわれもわれもと真似たうえに、時どきは全部の女、全部の家族が一カ所に集まって団欒《だんらん》するようになったのである。

しかし、「自分はこのことを子孫には教えたが、自分は艶福家ではなかった。子孫の艶福は、あるいは遠い昔の自分と女たちとのつき合いが、よい霊作動として何か影響しているのであろうか……」

これが背後霊O老人の語ったことだったのである。

珍しくうるわしい先祖と現界との交わり合いだと考えたが、だがはたして、Oさんはこのまま羨ましい限りの一生なのであろうか。

かならずしも私にはそうは思えなかった。好事魔多しと前にOさんにも言ったが、この背後霊の先祖は実は、五十四歳でこの世を去っている。O氏もこれだけ背後霊と感応《かんのう》したからには、その寿命もやはり、先祖と同じくらいで終わるのではないだろうか。

また、O氏にはそれを言わなかったが、実はこのご先祖が、終末は血なまぐさい終わり方をしており、女たちもけっして一〇〇パーセント幸せな一生は送っていない。

ともあれ、自分一代の人生で素晴らしく成功しようとすれば、それは先祖探しが第一であろう。それぞれ専門に優秀な先祖を求めて、よく後事をたのめばよい。神様、仏様とか、眷族《けんぞく》様、護法様、さらに守護神様、背後霊様を崇敬し、信仰してご依頼する。しかし生半可な依頼よりも、先祖様が一番のよき味方だから、人には先祖様こそ唯一無二の存在になる。とはいえ、霊界は自分の持つ波長のレベルを高く高く上げなければ、よりよい先祖には出会えないという厳しい錠《おきて》はある。

先ほどの先祖はどうかといえば、高級霊とはけっして言えないが、生前の力関係があるために、O氏の背後にピッタリと合体しているのであり、やはり霊縁の持続性は乏しいだろう。五十四歳マイナス三十八歳＝十六歳。つまりせいぜい十六年足らずの活気でしかあるまい。

予言するわけではないが、十六年後にあって現実の後始末は侃々諤々《かんかんがくがく》の争いとなり、それこそ大地が揺れ動き、マスコミがキリキリ舞いをする時が来ることであろう。

血まなぐさい終末の先祖であったことを思えば、生前彼と世を共にした者たちはどうなるか。今は霊たちを先祖の守護霊が上手にまとめているが、それがなくなれば宿命とでもいうのか、彼の王国は風前の灯となろう。その先祖はO氏を応援しているのではなくて、むしろ逆に先祖がこのO氏に頼っていて、自分の生前の因業をその肉体をもって現出させているのである。血を吐くような先祖霊の叫びを、真剣にこの男に説き聞かせるのだが、所詮は無駄なことであった。

第七章◎渦巻く怨霊に破滅させられた人びと

どうしても「怨念」は消え去りはしない

現代の日本人を見ていると、この国が大戦争をしていたなどということがまったく信じられないほどの平和さだが、霊の世界にとって、国と国とが争い、人びとが殺し合う戦争という行為は長く影響を残すものである。だからこそここで、戦時中から戦後をふりかえってみたい。

日中戦争、大平洋戦争、そして終戦と、私たち日本人の七十歳以上の人間は生き抜くために戦った。ことの是非はともかく、物の乏しい暮らしにめげず火の玉となって時代の流れに奮闘したのである。戦死、戦病死。それに被爆死者の霊は、永久に鎮《しず》まらぬ霊相となって、戦後の頽廃《たいはい》ムードのやり切れなさを痛感したことであろう。が、私たちは、とにもかくにも今日まで生き抜いてきた。日本人は実に優秀な民族である。世界有数の経済大国ともなり、世界の驚異の的となった時期もある。

戦後の頽廃的な惨状をかいつまんであげてみると、まず「ダッコちゃん」の大流行がある。赤ん坊を模したビニール製の人形だが、私などこの大流行は、さしずめ戦後のセックス観念が、はき違えた自由とともに紊乱《びんらん》し、自由奔放な性行為となって無数の胎児がヤミからヤミに葬られた、とみる。その数知れぬ水子の霊が、あのダッコちゃんの流行になったのだと思っている。

そのくらいに当時の日本人は、長い戦時下の厳しい制約から一瞬に解放されて、われもわれもと子どもを生産し、そして大半が無残にも堕胎されていった。産児調節の名のもとに、自堕落な不倫の結晶が多く消されていったのだ。むごたらしい殺人行為への怨念は堕胎児でなければわかるまいが、そのあらわれがダッコちゃんの出現なのである。爆発的な人気で、若い娘に大モテ、誰はばからず人形を両手で抱きこんで、町中をブラブラ歩いていたのだから恐れいる。

五十歳以上の人ならたぶん知っている人が多いはずだ。知らぬこととはいえ、「私の両親には水子霊がいて成仏《じょうぶつ》していないのよ」「去年、堕《お》ろしてしまった水子がほれ、こんなに私にまとわりくのよ」と、宣伝しながら町を歩いていたようなものである。

ダッコちゃんの肌は黒色。なぜ黒色が流行したのかといえば、ヤミの世界がドロドロの暗黒であるために、あの黒の表現となった。周知のように、すべての黒色は陰性とか凶事の色である。

「夏の行事の一つに精霊流し、送り火の祭を催したんだが、これが大変に難渋したよ」

「やはり、あの水子霊の救いの声ですか？」

「ウン、そうともいえるが、とても救いの声といった殊勝《しゅしょう》なものではなく怨嗟《えんさ》なんだ、怨《おん》念《ねん》なんだよ」

「ハハァ、いよいよくるものがきたという感じですな。激しくエスカレートしてきたんですか」

「そうなんですよ。とにかく、川で最後の修法をしようとするときに、真黒い雲状の霊が四方八方から、斎場を襲うんだね」

「はっきりと水子の群霊ですね」

「どうしようもないほどです。施法のほうは中断また中断。辛うじて済ませましたが、ごりおしに封じ込んだだけになっちゃった」

「するとそのあおりがかならず出ますね、どう思いますか」

「実はそれを考えると夜もねむれんのだよ。ほんとに、なんとかならないものか……」

と、当時、仲間とやりとりをしたことがある。たしか昭和四十年前後のことである。

家庭での争いやもめごと、離別、子どもがすごく反抗するなどの困った現象が、日本全国を渦巻いて社会問題となる。かならずそんな時期がくると、妙な確信が胸中にわきおこったものである。水子ばかりか、出征兵士や、大陸で非業《ひごう》に死んだ幾百万の人たちの霊などはいったい霊界でどうしているのか。

この二つで、私が気づいていることを書いてみよう。

母子相姦を現出させた「さまよえる戦死者の性欲」

昭和十八年（一九四三年）春、二十歳《はたち》の若者が広島県の寒村から歓呼の声に送られて勇躍外地に向かった。勇壮に思えるが、現実は悲惨きわまりないのである。彼は貧乏のドン底にあえぐ家庭に育った。母親の手一つで育てられ、ようやくこれで家のために一人前に働けると感謝の気持ちになった矢先に赤紙の召集令状がきたのである。

六十歳に手が届きそうになった母親を一人置いては兵隊に行きたくない。近所や知り合いの人びとも、なんでこのような家に情け容赦《ようしゃ》ない召集なのか、なぜ一人の働き手の若者を召し上げるのかと、同情と腹立たしさに胸は煮え返るほどなのだが、戦争の相手国を恨むくらいのことしかできないのである。もちろん、それほど同情をかもすくらいだから、村でも評判の模範青年であったのだ。

私がその霊に聞いたところでは、いろいろと村から表彰を受けたりしたという。そして、そういうカタブツの青年だから、出征まで一度の異性関係もなかった。

戦死したのは出征直後、南洋航路の軍用船に乗せられ、沖縄付近まできた時である。アメリカ潜水艦の雷撃を受けて船は沈没。そして彼は大勢の戦友とともに溺死した。

さて、彼がどのくらい「死にたくなかった」か、この世にどれほど未練いっぱいであったかは、後の話となる。ただ、当時、このような悲劇は日本国じゅうに充満していたのである。しかも、その出征兵士の留守中にどういうことが多かったか。この青年の話とは別だが、もう一つの英霊の実例を述べておこう。

やはり、その日暮らしの家庭に召集令状が届けられた。夫婦共働きの工員である。夫は妻と子ども二人をのこして、心中泣きながら戦場に出て、中国戦線で戦傷死した。ところが、その留守のことである。妻は夫の残した仕事をつづけようとしたが、女一人ではとうていどうしようもない。二人の子を抱え、筆舌には尽くせない貧しい生活であった。そしてこんな時に、妻は町内の有力者の美辞にだまされ、結局その体をあたえることで小さな町工場の職をもらった。もちろん、戦傷死した夫はこれでは浮かばれるはずもない。

さて、先ほどの若者の幽界での嘆き悲しみは、やはりこの工員とも同じだが、それをいう前に、その後に起こったある現象にふれておかねばならない。

①激しく母親を心配しながら引き裂かれた悲痛、
②溺死の恐怖、
③生きている者たちへの羨望《せんぼう》と嫉妬《しっと》、
④彼自身はまだそのことに気づいていないが、未知のセックスへの欲望からくるヤケクソ的な心に加え、
⑤悲しいことに母一人子一人であったために、死後をねんごろに供養《くよう》、回向《えこう》する者もな

いので、ますます青年の幽界生活はドロドロとしたものになったのである。

昭和四十六年（一九七一年）、すでに終戦からは二十六年たった冬のことである。私は京都の自宅で、一人の中年女性の訪問を受けた。まったく、見ず知らずの婦人である。

相談があって、広島県のある漁師町からはるばる訪ねてきたとはいったものの、その相談の内容を、女性はなかなか言い出さないのである。とはいえ、こういうケースも私にはあまり珍しいことではないので、ゆっくりと時間をかけて聞いてあげることにした。

仮に女性の名前をサキとしよう。そのおサキさん四十四歳の話を、少し小説めかして書けばこうである。

ある漁師町である。早朝、まだあたりは昏《くら》く、イカ漁からボツボツと小型船が漁港に向かって影を見せるころに、漁業組合ではサイレンを鳴らして陸地《おか》の人たちに知らせる。決まって午前四時半である。おサキはしかし習慣となってしまい、こんな時間にはサイレンで起こされる前に起きて身仕度をすませている。

サイレンが鳴りだすと、おサキは心も身もうずき出して急にソワソワしだす。息子の継男がイカ漁から帰るからだ。まず、息子の無事と、豊漁を祈るのが親心というものであろうが、おサキの場合は、とにかく息子が帰ってくるとなると心身がうずくのである。自分の肉体が継男を待っていると、おサキはためらいながら自分に言い聞かせた。おサキと継男は、実の母子なのである。いつのころからそうなったのかははっきりしないが、夫の目を盗んで、肉体のたしかめ合いの場と時間は、継男が帰った朝の五時ごろから七時ごろまでしかないのだ。その時間なら夫は家にいないからだ。夫は魚市場のセリの主任で、また漁業組合の役員でもあるために、海が荒れて出漁しない日以外は毎朝魚のセリ市に出勤する。そして一度帰宅して午睡して、午後二時ごろから再び夕刻まで勤める。時としては親子ともスレ違いという暮らしである。一方、妻であるおサキのほうも、魚の加工場に勤めているために、三人家族がそろうことは珍しく、ゆっくりと息子をねぎらうのもわずかな朝の時間しかない。あるいは三人のスレ違いの生活が、変態性欲の生じる原因だと解釈されるかもしれないが、そんなことなら漁師の母子はみんなおかしいということになろう。違う、とおサキにはわかる。

それは蒸し暑い晩だった。継男は村の青年部の集会があり、帰宅したのは夜半の十二時すぎだったという。霊能力者でもない継男が、両親の寝室の隣りを通る時、そこに何か気配を感じたのである。「親父もいないはずだし泥棒でも……」と、ふすまをそっと開けたところ、だれもいない。母親は大の字になってねむりこけている。昼間の労働と暑さのためか、裸に近い状態だった。すると息子はやにわに母親に抱きついて、瞬時にモノにしてしまったというのである。

おサキが味わった禁断の木の実は、しかし、母親にも息子にも苛酷だった。おサキは泣いて息子をとがめたが、その後、息子が鬼のような顔になり、どうにも母の言うことを聞かず、たびたび体を求めてこようとは、おサキにはまるで悪夢をみているようだった。

しかも、おかしいことがある。

「最近は継男に抱かれていると、継男ではなく、よその青年の顔に見えるんです。いいえ、テレでそう言っているのではありません。まるで犬のサカリの時のような顔です。そしてそうしている時は、私が母親ではない、おサキという俺の惚れ込んだ女だというんです。そして、後で継男にそういっても、知らない、自分はそう思っていない。だから俺は苦しんでいるといいます。それは私にも、本当に継男はそう思っていると思います。だからもう、このごろは私も何がなんだかわからないんです。息子と、こんなことになって恥ずかしいという心と、いや違う、恥ずかしいには違いないけれど、あれは絶対に息子ではない、と思います。女の私にしかわからないことですが……」

もうあなたも、気がついているであろう。先ほどの出征兵士霊が二人に取り憑いて自分の欲望を満たしているのである。母親を的にしているのに注意してほしい。この母親は、「近ごろは主人が、うすうす感づいている気がしてならない。それに息子の継男の態度が、昼間もだんだんあの時の青年に似てきて、最近は私との行為を人前でも平気でチラチラさせるので困る」

とも告白した。

相談に来て半年もたったころ、私は〝ムシの知らせ〟があって、現地にブラリとでかけてみた。驚いたことにおサキの家と出征兵士の家とは二十キロほど離れているが同じ土地なのだ。案の定、私があの日霊査をして、母親に告げた処方は、やはり成功しなかったようだ。母親は海中に身を投げて死んだ。息子は抜けがらとなって皆からののしられ、嫌がられながら町をウロつき、馬鹿者扱いされているのを、この目で見た。霊視してみると、すでに母親は死んだにもかかわらず、まだ継男の肉体は兵士霊の寄りどころとなっている。私はゾッとして父親をたずねたが、父親も仕事を追われたのか自分で恥じたのか、失跡してしまったと人から聞いた。

一家離散の悲劇はどうしてもくい止められなかったのか。調べてみるとさらに驚いたのは、この一族が出征兵士霊の唯一の親類であったうえに、昔、兵士霊の母親が、結婚前の継男の父親に強姦され、力ずくで犯されたことがあるようだと、土地の古老が語ってくれたのだ。

とにかく、人間の因縁の恐ろしさ、さまよう幽魂の恐ろしさは、このように後になってしかわからない。そしてわかった時にはもう遅い。出征兵士霊、民間人の被爆霊が、いかに戦後の少年少女や青年の身心をほしいままにしたか、それを知る人は少ないだろう。聞くだに恐ろしいことが無数にある。次には、いよいよそのヤミからヤミに葬られた水子霊のことにふれよう。

憑依する「水子集団」の怨霊と家庭内暴力

いろいろな相談ごとを霊査していて、水子霊が背後霊や憑依霊になった霊が急激にふえてきているのに気がついた。今から二十年ほど前のことである。その後、水子霊はふえつづけるばかりだ。

先ほど、いつ水子霊の憑依現象が日本の大問題になるかそら恐ろしいと仲間と話し合ったと書いたが、やはり現実のものとなってしまった。ちょうどそれも二十年ほど前からで、以後は大活躍の大渦巻と化して年々エスカレートの度合を激烈にましている。昨今の少年犯罪、少女売春問題として、世の中に両親に憤懣《ふんまん》を投げつけているのが実情である。同時に、夫婦の離婚、嫁姑問題なども二十年ほど前から急増した。私のような個人でもそうなのだから、これが教団的スケールでの数値ならば、この傾向はもっとはっきりするのではないだろうか。

世の識者たちが、学校教育や家庭内のしつけの問題を論じている間にも、私のところには水子霊の憑依霊の相談がふえつづけている。そして特に、いよいよこれはくる時がきたという感じなのは、家庭内暴力の激発の問題である。これが、よく霊査をしてみると、かならずといっていいくらい水子霊が出てくるからだ。

まさに、これこそ目をおおいたくなる事態というべきだろう。

両親たちも恐怖してオドオドと、息子、娘に頭をかかえ込んでいるさまは、まさに水子霊におどかされ、やっつけられている姿そのままである。悪いことには、激増した水子霊が、大小の違いはあっても集団を組みだしたのである。百または五十の水子霊のなかに、個性の強い霊がいてボス的存在となり、集団で荒仕事をやってのける。強力な集団の力で親を寄ってたかってねじ伏せてしまうくらいは、お茶の子さいさいとなった。

なぜ、水子霊はここまで成長したのだろうか。一つは、子どもたち自身の集団化であろうと思っている。一つの水子霊が憑依した子どもたちが集まり、一つ心の行為に熱中すると、そのエネルギーや因縁にまた違う憑依霊が憑く。こうして復体の憑依霊ができたのではあるまいか。

「なぜ、あんたはお父さん、お母さんや兄弟たちをそんなに痛めつけるのかね」

「おっさん、ウチとどういう関係があんのや」

「お父さんとお母さんが苦しんで問題を持ってきたのでね。それで、あんたを呼んだわけや」

「ほっといてくれや、おっさん。ワシも年齢二十歳はすぎたんやで。あんたら以上に、何もかも、よう知っとるワイ。これがイケン、あれはあかんことぐらい、よう知っとるワイ」

「それではよく考えて、いま、あんたがいろいろしておることは悪いと、改める気にはなれんのか」

「あほたれいうなや。こない悪うしたのは親やで。親いうても、てんで親とは思うてへんが。ワシら憎らしゅうて、兄弟ってヘドが出らア」

「それでは、いったいどうしたらあんたの気がおさまるのかな」

「そんなことは〝天チャン〟が決めてくれらア」

「その天チャンてなんや?」

するど、急に高慢なようすを見せて、

「天チャンはオレたちの大ボスよ」

「いや、ボスはわかっているが、天チャンの名前を聞いてるのだが」

「いつか知らんが親らがホトホト困り果てて、オレらの敵の拝み屋に泣きついたらナ、天勝童子霊と名前をつけたらよくなるというて、それから朝晩、馬鹿たれ親どもがわけのわからんお経で天勝童子様、天勝童子様と、あがめ奉っているとよ。それで皆が、天チャンと呼んどるワイ。ところがその天チャンの兄弟らはすごくワルなんや」

「ところで、どうしてもあんたは、両親を許されんのかな」

「だからいうとるじゃろ。天チャンが決めることよ」

「そうか、その天チャンもだが、可愛いいあんたの妹が、このごろあんたの仲間の食い物になっている気がしてならんがナ。それに兄のあんたが、恋しさのあまりに妹に憑くのはわかるが、関係ないヤツが妹を占領しているのはどうかな。あんた、何とも思わんのかな」

これを聞いたとたんに、水子霊はシュンとしてしまったのである。ここだとばかり語気荒く、

「このままでは、あんたの妹はA君に食い物にされるでぇ。あんたが頑張って真人間にならなけりゃ」

幽魂に向かって真人間もないものだが、言葉が見つからなかったから言ってしまって、内心、しまったと思ったとたん、

「おっさん、心配せんでいい。真人間にならにゃあいけんと思うとった。もう、こんな生活も、ワシ、飽きてた」

「それはよかった。おっさんもおっさんにできることはしてあげる。いや、たとえできないことでもやってみるから、なんでも言いなさい」

しばらく思案が続いたが、

「墓を建てろとか、遺碑がほしいとか、食物とか。ほかに何かしてほしいのか」

「いやー、あのー」と急に声をしょぼつかせて、

「天チャンと縁を切る方法を知りたい」という。

本当の、私とある水子霊との対話である。

私にも手の打ちようがない「水子霊の軍団組織」

水子霊の組織というか、たまたまこの水子霊らが組んでいるグループを次ページに図示してみよう。

わかりやすく会社組織になぞらえたが、末端の平社員クラス霊であっても、4、3、2、1と階級があり、たとえ4グループの主任であっても3、2、1の平社員にはかなわない。また、2グループの平社員であっても3と4は全部を牛耳ることができる。横に書いた一年〜二十年がその霊の霊年齢である。そして1の平社員ともなると、いわば部長的存在である。ボス、そして眷族《けんぞく》を除けば凄い力、権力を持っているというのである。

「あんたはこの階級のどの辺や」と聞くと、

「おっさん、先刻いうたやないか。ワシはもう二十歳やと」

1のグループというのだろう。少し、彼に聞いた実態を書いてみる。

このような組織がどうやって人に憑くのか。

①たとえば現界のB子さんに、兄弟の水子霊一人が憑くのではなく、霊の所属する1、2、3、4の階級の水子霊数人が、時としては十人以上が取り憑くという。

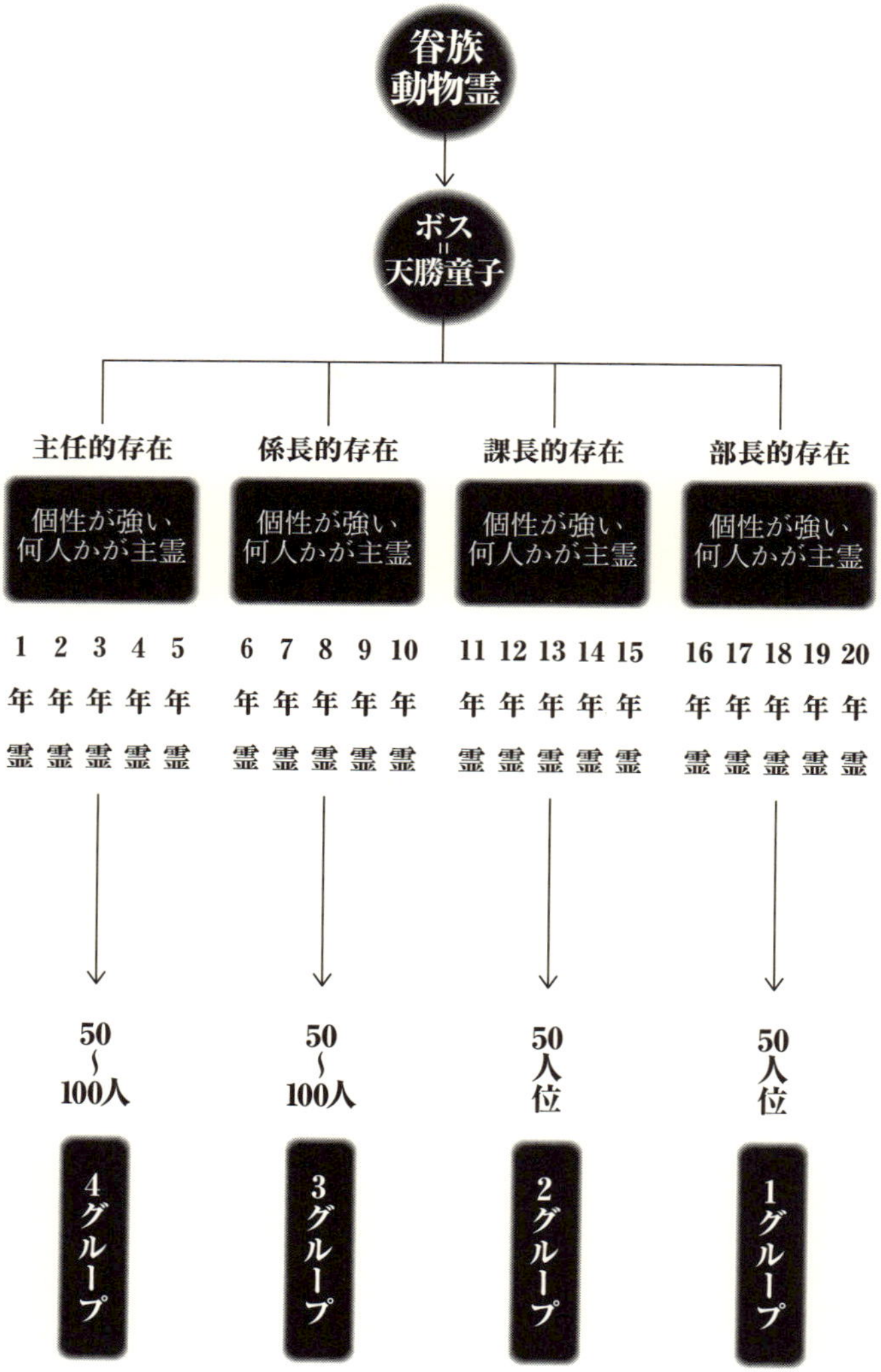
眷族
動物霊
ボス
=
天勝童子
主任的存在
個性が強い
何人かが主霊
1年霊 2年霊 3年霊 4年霊 5年霊
50〜100人
4グループ
係長的存在
個性が強い
何人かが主霊
6年霊 7年霊 8年霊 9年霊 10年霊
50〜100人
3グループ
課長的存在
個性が強い
何人かが主霊
11年霊 12年霊 13年霊 14年霊 15年霊
50人位
2グループ
部長的存在
個性が強い
何人かが主霊
16年霊 17年霊 18年霊 19年霊 20年霊
50人位
1グループ

以下、特徴を個条書きする。

②最近は子どもたちがマスコミなどの発達の結果、すぐにブームに反応しやすいので、低級な心の波長がどんどんくる。取り憑く機会はずっと多くなった。

③成績のよい子でも悪い子でも、親孝行な子でも親不孝な子でも、子どもたちが迷いやすいので霊波が合う。

④こっちがグループ霊なので、霊波のアンテナがふえたようなものだ。

水子霊も時代の影響を受けるのかと不思議だ。天チャンに対してはどうか。みんな今では天チャンとは内心は縁を切りたいのだが、しかし、自分が心ならずも幽籍で犯した罪とか、穢《けが》れの償いをこれからするのは大難事であろうし、ついずるずると浮浪霊でありつづける。現界の兄弟たちにはかならず長い苦難が尾を引くものである。

ためしに私は天チャンなる水子霊を霊査した。やはり個性の強烈な数霊が合体した複合体であった。名づけたのは私ではない。しかし天勝童子霊ができ上がっていて、腰が抜けるほどの驚きであった。

とにかく、現界の母親たちはみな躍起となってわが子の教育にかけ、有名大学に入れようと、お月様を手に取らんとする猿のように、あくなき望みを持つと受けとられる。誰も水子霊のことには気づかないのであろう。少年犯罪は世の母親たちがまず自分の過去を反省してかからなければ、ヒマラヤ山脈を高下駄の、シャツ姿で登ろうとするのにひとしい難問題だ。

その解決手段は、いったいどうすればよいのか。相談者のほとんどの母親が、いっせいにそういう質問を浴びせるが、正直なところ、私にも、霊術の手を借りないでの決定打は容易に思いつかないのである。教祖、祈祷師、霊媒、霊感師が、いくらそれを母親たちに指導して忠実に実行させたとしても、百霊に一霊の効きめがあるかどうかも疑わしい。

私のかかわった水子霊の例では、現象が現存の子に逆にひっかかってしまった。にわかに平和な親子関係に返った例を知らないため、私は打ちつづく難問に思案投げ首のさいちゅうである。

あるいは、もう少したつと私は〝お手上げ〟で、この水子霊問題から逃げ出すかもわからない。それほど私は自信がない。あれこれと霊媒師などの知り合いはある。「わが湯に入ればその怪我は治る」式の自信豊かな人もいるが、どっこい迷信であろう。霊現象はもっと理性的で、現実的なものである。その温泉で怪我が治った例は知らない。ますます子どもとの溝が深く深刻になっていっているのみである。

なんとか父母がそろって水子の霊を慰め、親子そろって水子供養ができればいいのだが、それすらが、このごろは、先様のほうがワルくなって、あまり効かなくなった。

「嫁対姑」の泥沼、その霊困を探ってみると

実に胸クソが悪くなる問題だ。新幹線のように突っ走って、嫁と姑《しゅうと》の対立の霊因判断を通過したい。だいたい、昔から嫁と姑の間で調子のよい組み合わせがあったのかなかったのか。自問自答してみるが、どうもうまくいった例を思い出せない。二人が仲よしで、あの世行きの片道切符の霊柩車に泣いて乗せてくれたヨメはいないと嘆くのは、現代だけでなく明治、江戸、さらにその先と、手に入る限りの歴史書をひもといても、私には嫁と姑の仲よしクラブは見つからなかった。

嫁に気に入られるためには、それこそ手を替え品を替えて尽さねばならぬとなげく姑、それでも扱いはいいかげんのちょっと手前なのだ。なるほど姑にとっては悲しい。しかも、嫁は嫁で、また心中大変のようである。

現代の教育が悪いとはけっしていわない。時代の流れに相応した生活を望むのは当然だ。それより嫁も姑も、そもそも二人の間には昔からどんな霊的機縁があったのか、それを知るべきではないだろうか。

さて、若い嫁さんが「実は……」といって私の家の戸を叩く場合は、①姑、②小姑、③夫、この順番の相談に決まっている。

なぜ、それほどに①なのか。③の夫との仲の問題は三分の一にも満たず、ほとんど①に限られるのだ。昔からいうこれが女の業《ごう》の深さだなと、私なら自分が男だから平気でいっていられる。だが、当人にとっては、のるかそるかの大真面目な問題なのだ。

もっとも深刻だった二つのケースだけを考えてみたい。

私とも親交があるP家の姑さんと嫁についてだが、その一ケースである。

P君とは、出会うたびに「まだかい」「ハイまだです」が挨拶になってしまったぐらいに、P君宅では嫁姑の小ぜり合いが日常茶飯事になっている。それも熾烈《しれつ》である。とりあえず霊のことを抜きにしてP家を見まわそう。目下、姑は入院中で家庭内も小康状態が保たれているが、それでも姑の名前が夫婦や子どもの間で口に出ると、身ぶるいするほど、ゾーッとするという。

まして姑の話題となると、嫁は二、三日寝込んでしまう。これはひどい。それに奇妙に姑が持病で入院し不在となると、家庭内には活気が出て、退院すると、家族の全員が夏の枯れ草のようになってしまうという。P君にいわせると、それだけでなくて何かと不祥事が多いそうだ。

姑さんもまだ老衰の年齢でもないのに、なぜこの問題では精神異常のようになるのだろうか。P君にすれば何とか母親に話をしたいと思うのに聞いてもらえない。今は困りきって、大きな声では言えないが病院からの死亡通知を待つ気持ちになるという。正直なところ本音なのである。ここまでくると、もう私も気軽に軽口もきけなくなった。うっかり冗談も言えやしない。それではとある日、霊的調査をしたので、その結論から聞いてほしい。

もともと母親の実家の系列に、おさえつけられると精神異常を起こす自我の強い血脈がある。それで嫁いでからの長い年月、亭主にはおさえつけられるままに我慢したが、死別して圧迫がなくなると、どこまでが我慢すべきで、どこからは我慢しなくていいことなのか、それがわからなくなったのだろう。急激に自我がふくらみ出して、当人すら支離滅裂に近い状態となってしまったと考えられる。

そのうえ、息子は知らないことだが、亭主たるや、昔、宗旨《しゅうし》替えなど仏事にも乱れがあり、戦時中、古道具屋に商品として置いてあった仏壇を買い求め、それが今なお家に安置されていたりする。これではまるで他人の因縁を、モロに「なにとぞ、わが家においでください」というのと同じではあるまいか。

いったいどのような因縁の仏壇なのか、それを調べようと思ったが、霊障害がひどいのでやめてしまった。念を凝らそうとしたが頭が痛くなる。二、三日はそれでも努力したが、そのうちめまいはする、吐き気はするで、やめたのである。

それまでは私も軽口で、「もうくたばったらいいのに」などと繰り言もいっていたが、死者となってからの霊念が恐ろしいので、このごろはもう口をつぐんでしまうのである。

それにおかしいのはそれまでは姑も私を崇敬し、ある程度私の言うことなら聞いていたのに、霊査の後はお鉢がだんだん私のほうに廻ってくる気配がする。会っても以前のように笑顔は見せず、じろりと睨《にら》みつけるようなのが何とも恐ろしい。仕方ないから、生きている間に少しでも先祖浄化をとP夫婦に急がせてはいるが、こうなると実に面倒なのである。クセやアクの強い母親の個性は死してなおさらに念が増す。かならず若夫婦たちをさいなむのは目に見えているのだが、そうなると私もサワられたら困ってしまうわけだ。

もちろん、私は何とかするとしても、これ以上若夫婦や、孫たちに災難（霊縁）が及ぶのは避けたいと思うのである。

三百年前の因縁が「新婚夫婦」を引き裂いた

世間では嫁と姑問題など、霊幽界とはかかわりのない女性の問題と考えているだろう。二人の女の守護霊がいるはずだと考えるかもしれない。しかし、これなどは姑が、過去にしいたげられた経験と、自分の血脈的な個性にプラスして、亡夫の宗旨改め、そして他人の古い仏壇買いなどから、守護霊よりも、もろもろの浮浪霊が憑依した現象というよりない。個人六割、環境二割だとしても、奇怪な霊的なものが残りの二割である。しかし、次に完全に霊障害で、縁結びの時から不運な組み合わせだった嫁と姑の関係をみてみよう。あんまり明るい話ではない。

「Aさんの嫁とりの費用は一切合財で六百万円かかっているそうだよ」

「それなのに、朝から晩まで嫁姑がギャンギャン喧嘩の毎日で、このところ姑さんが泣きながら近所に愚痴を言い歩いて、最初は同情していたが、近ごろはもうみんなが警戒している」

「ウン、聞きあきた感じだな」

「息子よりも両親が嫁を強引にわが家に迎えたのになぁ」

「そうさ、しかしあろうことかその母親が、今はふた言目には出ていけの連発なんだ」

「とはいえ、嫁の返事もふるっているよ」

「ああ。体がキズモノになった、それと結婚費用を四百万円使った、あわせて家一軒よこせ、そうしたら出ていくって、あれか」

「しかし、なんでこんなことになったのかな。今では嫁にしたたか者の弁護士がついて、Aさん夫婦は表に車の止まる音がするとハラハラしているありさまとか言っている」

「いったい、息子はどうなっているんだよ」

「ああ、魂の抜けがらみたいに若嫁の言いなりになっているとよ。見ていてもまったく胸クソが悪いくらい、ひょろひょろとして、あれじゃあ何か幽霊にやられているといっても通じるよ。二、三日前も帰宅途中、バスで一緒だったけど、目はキョロキョロしてわけもなく額をハンカチで拭いたり急に立ちかけたり、ソワソワしていて周囲の乗客たちもなんだか薄気味悪そうだったな」

「フーン、幽霊か、タヌキかキツネにでも憑かれているのかな」

「まさかそんなこともないだろうが、ただ母親はどこやらの霊感師のお不動様の御託宣だといって、毎日墓参りしているが、母親の形相《ぎょうそう》が陰にこもって凄いそうだ。町内の奥さんたちが気味悪がっているんだから」

「ああ、家内も言っていたよ。なんでも墓の周囲に塩だの菓子だの果物までが散乱していて、まるでゴミ溜め同然の汚い場所になっていると。近所の物好きが見てきた話だが、拝む姿が幽霊じゃあないかと、おっかなびっくりだったというが」

「ああ、気持ちはわからないでもないよ。なにしろ会社の社長令嬢をもらうんだといって、近所町内、親類に自慢してふれまわったんだから」

「五千万円の宅地を買って、二千万円の家を建てて、それで夫婦が転居するのが最初の条件だったっていうんだから。気の毒なもんさ。それでこじれて、考えてみればAさんは嫁一人のために七千万円も散財したことになる」

「まったく他人ごととは思えない。それに宅地は全部ローンだというし、これからあの老夫婦はどうするんだよ」

「霊感のお不動様に、五十万とか百万とか寄進したってね。その霊感師様に若嫁の調伏祈《じょうぶくき》祷《とう》をたのんだとかで、とにかくあそこの家は近ごろ、薄気味が悪いよ。なんか一日じゅう線香のにおいがプーンとしているし、うめくような読経《どきょう》の切れ間がないと隣り近所の話だ」

「どうなんだい、それで若嫁は」

「ウン、老母が読経を始めだすと、若嫁もピアノをひきながら金切り声のソプラノでわめくんだそうだ。下と二階でよ。妖気ただよう感じだというよ」

そろそろ、あなたなら今までの勉強の結果からご理解いただけるのではないだろうか。まず、あらまし拾いあげてみると、①先祖が仇同士、②動物霊憑依、③動物霊の争い、④背後霊たちの争い、⑤眷族霊の活躍、⑥屋敷霊の作用、⑦家憑き霊の作用、⑧肉体人間の祈願により働く霊現象、など、まずこの八カ条くらいを想念に入れると思う。まったくその通りで、①〜⑧まで全部をひっくるめた霊現象だったのである。

しかし、その前に少し、この家のことを書いておこう。

Aさん、五十四歳。Aさんの妻、五十一歳。長男、二十六歳。その嫁、二十三歳である。ほかにA家には次男、長女。二十二歳と二十歳。

まずAさんが息子の嫁に勤め先の社長の娘をもらったのは、一年前のことであった。京都のさる町のことである。

話のようにAさんは、社長の娘をもらうのだからと、高い土地と家を買い求め、退職金を前借りして豪華な披露宴も張ったのに、すべてがうまくいくはずの一年目、実情は話のとおりになったのである。

Aさん一家の争いの霊因が、どのようなところにひそんでいるかを説明する。今から三百年前、Aさんの先祖はどこかの関所奉行を四代ほど続けたようだ。一方、若嫁の実家のB家は代々豪商だったが、およそ三百年前に一切合財を取りつぶされた証拠の文書が親類宅に残っている。そのA家とB家の、三百年前の因縁は何か。それはやがてふれる。

Aさんが大学を卒業して、B家の経営する会社に入社したのは昭和二十五年であった。しかも長い年月、彼は平社員で酷使された。後輩はどんどん彼を追い抜き、係長、課長、支店長となって「あばよ、Aさん」と出ていく。またどういうわけか、出世した後輩がAさんを馬鹿にし、軽蔑《けいべつ》の目で見る。自然、他の平社員連中も自分のミスをできる限りAさんにおしつけてはシャアシャアとしていたというから、もはや霊的業因としか言わざるを得ない。

それに社長たるBが、おりあるごとにAさんを道化師にしてはからかった。取引の商談に料理屋を使用するときなど、呼びつけては裸おどりをさせたり、芸妓に馬乗りさせて部屋中をはいずり回らせる。どういうわけかAさんも、そんなひどい仕打ちを受けて、口惜しさに顔をひきつらせながらも退職しない。「そこの者、侍てィ」「ヘイヘイ、私はこのような関所札を持ちます四国は高松の乾物問屋の淡海屋の主で、吉衛門と申します。けっして怪しい者ではございません」「黙れ、取り調べは、お上がやる」というようなことをくり返していたのである。

いや、実はそうなのである。というよりそれが、二人の因縁であったのだ。当時、A家の先祖の関所奉行は上役に賄賂《わいろ》を三百両ほど贈れば、もっと上の役に出世できる瀬戸際にあったようだ。この時期に関所を通る旅人に、なんとか、かんとか言いがかりをつけて金を巻きあげていたのかどうか。そのあたりのことはくだんの先祖霊は口をつぐんでしまうから不明だが、とにかくB家の先祖に対しては、こうしてあり金のこらず巻きあげてしまったのだ。そのために淡海屋の主と手代一人は帰る路銀もなくなった。そこで木っ端《こっぱ》役人三人と関所奉行の息子とが、主と手代を唐丸籠《とうまるかご》に封じて、四国の高松に乗り込み、千両箱を二つほど巻きあげたと、霊はいう。

「その道中の口惜しかったこと、残念無念は筆舌につくし難し」

ハラハラと涙を流し、私に喰ってかかるのである。この怨念が代々A家にサワ、っ、て、いるのは間違いない。それが証拠にはAさんの祖父（昭和十年他界）の代には、五十町歩も田畑を所有し、多くの小作人も使い村長を二十年間も続けた人だが、何かの事情で時の軍部ににらまれて、こっぴどくやっつけられたという。

それに、当時の特高警察につけ回され、祖父と父親ともども二、三回、無実の罪で警官に張り倒された事件があったという。政治か思想にからんだ事件であったのか。そして終戦後は、田畑をほとんど農地改革で小作農家に取られてしまったのである。結局、現在は猫のひたい程度の土地しかなく、昭和になってズタズタに裂かれてしまって、耄碌《もうろく》した祖母が、昔の格式を引っぱり出して愚痴ばかり言っている始末だ。あきらかに、先述の①の先祖が仇同士の部類である。

続いて②の動物霊憑依を記述してみる。どこの家の先祖でも何々本尊とやらを信仰した先祖は多い。まして分家の新家ならばともかく、家柄が古ければなおさらだ。A家は直系で続いていているためにその傾向はより強い。道ばたの地蔵尊などに願掛けをすると、狙っている動物霊が願いを受けて、その日から働く。つまりそこで動物霊と肉体人間との約束が始まるのである。

しかも、彼ら霊魂はプラスであろうと、マイナスであろうとその両方に活躍をする。そして、これだけ働いてやったんだからと、その代償物を次つぎに要求するのである。もちろん、順当な要求ではない。一万円の仕事をして三万円くれというたぐいで、人間はどんな無理でも聞くようになるのである。

③の動物霊の争い。両家とも動物霊をかこっていると考えてまず間違いない。両家の動物霊の勝負がつくまで争いは続く。しかも激烈な争いである。いくら肉体人間が周囲身辺、一切合財が血なまぐさい悲惨な現象になろうとも、まったくおかまいなしに争い続け、ますますいろいろと要求し、それを強制する。人はそれを拒絶できない。ありとあらゆる犠牲を人間どもにおしつけてヘトヘト、クタクタにさせてしまう。

④の背後霊たちの争い。これも③の動物霊の争いとまったく相似している。お互い自分の利害関係のみで争うからお互いが自己の立場のみを主張して、自分以外の一切は絶対に省みないのが特徴である。自分以外の犠牲とか障害は苦にならないどころか、そこに苦悩、悲惨、事故などもろもろのマイナスごとが出てくれば心中大いに快感を味わうのだから怖い。主義、目的、思想を持ったA家の背後霊と、B家も同じような霊と争うのだから面白い。資本主義論者と共産主義論者の論争をはたから聞いているぐあいに、相手がやり込められたら快感この上もないであろう。

⑤の眷族霊の活躍の争いに至っては、①②③④と同じであるが、これはずっとスケールが大きい。力関係でいえば、①〜④までの霊力よりも数段の相違である。なにしろ多くの因縁の長であるから推《お》して知るべしであろう。

さて、⑥⑦⑧の影響は、前記の通りであつて、今さらあらためて述べるまでもないであろう。いずれも自分の権利を主張し、現界の肉体にマイナスに寄りかかっている。また外部からどんどん不浄霊を呼び込むなどで、どれも陰にこもって肌寒い働きのものである。特に⑧の肉体人間の祈願で働く霊現象は、②の動物霊憑依と類似もしくは同一である。ただしこの場合は②③④⑤を新しく呼び込むから、ここではあえて⑧の項とした。

ただの嫁姑の争いも、ここでは、複数以上となる気配は濃厚で、そうなると一項ずつの現象と違い、当然、力関係もスケールも大きくなるのは道理である。それではA家B家のその後を足ばやに記す。個条書きにしてみる。

若夫婦は結局離婚して、その条件は、①新宅について一切、B家は補償しない、②Aさんは退職、またそれによる退職金は帳消し、③持参金は全額返済、④それに娘への慰謝料を取られてしまったのだからむごい。またそのうえAさんは、結婚式、披露宴に出席した全員の一軒一軒を訪問させられた。深謝したという。

特にB家の墓前では、土下座させられたというから、因業の深さもここまできたら決定的な地獄図ではあるまいか。

とにかく三百年前の事件が現代になってにわかに芽を吹き出し、徹底的にひっぱたかれたのである。嫁と姑の少々のイザコザが結局終生続くのは多い。いずれも①〜⑧の霊因のためであるが、それも重複するとその度合が濃くなるのである。ゆめゆめ疑うなかれ。

第八章◎あなただって、霊魂の世界の操り人形

霊幽界と争ったら、「現界人」はどうなるか

密度の濃淡という視点から霊幽界と現界とを比較すると、私たちが現に生きている現界は、かなり密度が粗《あら》い、ということが言えるのである。

具体的に説明すると、私たちは扉をあけなければ家に入れないし、ふすまや障子を開かなければ部屋から部屋へ移動できない。ところが霊魂は扉や戸・障子には関係なく自由自在に出入りできる。閉めきってあろうがなかろうが、そんなことは意に介さない。

また、もう一つ私たちにとって薄気味の悪いことは、霊界という世界には時間とか空間の制約というものがまったくないことである。ところが私たちは時間と空間の束縛の中で生きていかざるを得ない。早い話、私たちが京都から東京へ移動する場合、新幹線「のぞみ」を利用しても二時間半かかる。ところが、彼ら霊魂はそれこそ三十秒、一分間もかからず、あっという間に行ってしまう。これは霊魂と私たちとの間に、圧倒的な力の差を生む源泉の一つとなっている。

私たちは食事をし、睡眠をとらなければ体力も気力も維持できないが、彼らは眠らなくても平気だし、たとえ食べなくても、それはそれですむのである。私たちが目をさましている間は霊魂から悪い影響を受けまいと必死になってがんばったとしても、眠っている間

に何をやられるかわかったものではない。

時間や空間に制約され、食事や睡眠の必要にしばられている私たちが、もし仮に何の助けを得ることもなく、それこそ自由自在な状態にいる霊魂と争ったとしても、勝負はおのずから明白であろう。

私たちが霊界を恐れ尊ばなければならない理由は、こういうところにもあるのである。私たちは、正常で豊かな生活、安定して平和な心の状態を保とうとするなら、霊魂を恐れ、うやまいつつ、自分の心身をこうした霊魂から守る工夫をし、かつそれを実行していかなければならないはずである。

ところが、大部分の人びとはそこに気づかず、また気づいたとしても実行せず、実行したとしても間違った方法をとっている。その結果は言わずもがなで、日夜間断なく霊魂からやられっぱなしにやられているのが実状なのである。私たちが住む現界を「うつしよ」というのは、霊魂の世界の動き、働き、作用が、そっくりそのまま私たちの世界に投影し、うつし出されているから、そう呼ぶのだともいえるのである。ありていに言うならば、私たちは霊魂の世界の〝操り人形〟なのだと表現しても過言ではあるまい。

さて、そうだとすれば、どうすべきか。

この世が霊界に操られているという認識を持つだけでは駄目である。正しい信心をすること、正しい信心のやり方を心得ること、そして正しい信心のやり方にもとづく正しいお祀りを実行しなければならない。それによってこそ、諸事ものごとがいい結果を生むことになる。

ここで絶対に大切な役割を果たすのが、私たちが遠い昔から伝えられてきた神棚と仏壇なのである。

神棚と仏壇と霊魂

前述のように、私たちは一日二十四時間、絶え間なくさまざまな霊と交流しながら生活している。

なろうことなら邪霊・凶霊・悪霊の影響からは逃れ、清浄で位の高い霊のおかげを受けたいのが人情の常である。そこで、邪悪な霊の侵入を防ぐために、遠い先祖神とあがめられているお方、つまり氏神（個々の家系の祖先神）を神棚にお祀りしてきたのである。その一方では、仏壇をしつらえて比較的近い先祖・先亡霊を祀って、それらの霊の休息所、かつ、現に生きている私たちとの交流の場ともしたのである。したがって住居がたとえマンション、アパートであろうと、また二男、三男で分家した人でも、神棚と仏壇は備えるべきであり、その必要性を強調しておきたい。

豪邸が「化け物屋敷」と化した理由

ここで私が実際に現場を訪ね、くわしく霊査した実例があるので紹介しておこう。

それは二十年ばかり前のことだった。閑静な高級住宅地にある一軒に招かれた。かなりの規模の事業を経営している社長宅である。まずは贅《ぜい》をつくし、粋《すい》を凝らした邸宅で、普通の人が眺めればうらやましがるところだろうが、一歩屋敷内に足を踏み入れたとたん、私は凄惨《せいさん》としか言いようのない霊的雰囲気が迫ってくるのを悟ったのである。

そこで私は、家屋敷を霊査する場合の習慣に従い、いったん外へ出て周囲をひとまわりしたのだが、その結果、霊感で察知できたのは次のようなことだった。

この土地は昔、沼か池であり、そのほとりに弁天社と思われる祠《ほこら》があったらしい。さらに、近くの小山から強い霊気が流れ込んでくるのだが、それとは別に屋敷内の一カ所に、どういうわけか強烈な霊念波を発する地点がある。その一方では、植木などを植えるため八十センチも掘るとゴミやガラクタ類が、いたるところから出てくる。そのくせ、庭木が繁りすぎて、うっとうしい感じの部分が多いのである。屋敷内に立って、じっと心気を凝らしていると、隣家から何とも強力なエネルギーを持つ霊気が侵入するのがわかった。なるほど。周囲の状況はだいたい判明した。さて、次は家の中である。

驚いたことに、まず仏壇が大問題だった。大型で立派な造りなのだが、内部は、あちらこちらで買い受けてきたらしいお札がいっぱい。そのうえ、観音像、如来像、不動尊像などがゴタゴタと安置されてある。しかも、位牌の安置のしかたがめちゃくちゃなのだ。たとえば、水子霊が正面上段に座を占め、亡父母の位牌が下座に置かれているなどである。

また、あきれたことに仏壇すなわち物置といった扱われ方をしている。ハンコ、老眼鏡、預金通帳、重要書類、亡くなった人たちの写真類、有名人や有名書道家の揮毫《きごう》、財布などがゴチャゴチャと納められている。長らく掃除をしていないのだろう、仏壇の内側も外側もホコリだらけ。そのうえ、置かれている方角が悪い。北向きで、しかも真正面に台所がある。

仏壇はこれぐらいにして神棚だが、これが部屋の三角隅にある。後述するが、これは凶相である。

つづいて座敷に足を入れると、人形がいっぱいあるうえ、象牙などでつくられた観音様などの仏像が三体。そのうえ、ごていねいにミニ石灯籠まである。各部星ごとに、いろいろなおまじないの札がベタベタと張られている。亡くなった人たちの写真をずらりと並べた部屋もあれば、動物の剥製《はくせい》二十点（ワニ、大蛇、大トカゲ、鳥類など）を集めた部屋もある。

ざっと以上のような次第で、これだけ材料がそろっていれば、いかなる豪華絢爛《けんらん》の豪邸といえども、私の目から見ると立派な「化け物屋敷」なのである。

一つひとつ解説ないし解釈を加えていこう。

まず、この家の敷地が昔は沼か池であったということについてだが、人工池というものは昔は数が少なく、おそらく自然にできた池であったことは間違いない。しかも、その池（または沼）ができたのが遠い昔のことだとすれば、そこには当然のことながら自然霊あるいは弁天系または龍神系など、何らかの霊が鎮座していたと考えていい。にもかかわらず、何のことわりもなく人間どもが最近になって勝手に埋めたてて宅地にしてしまった。おまけに弁天社らしい祠まで、とりつぶしてしまったのだから、罰当たりもここにきわまったというべきであろう。霊障害が発生するのは当然なのである。

近くの山から霊気が流れ込んでいる事実だが、調べてみても霊域や神社・寺などは存在せず、また社寺がかつて建てられていたような跡もない。ただ、かなりの大木が数本あった。察するところ、おそらく池をつぶされて追われた霊が、この大木に寄りかかって霊気を放っているのであろう。地面を掘るとガラクタ、ゴミが出るということだが、これは要するに、この豪邸も砂上の楼閣ならぬガラクタ上の楼閣ということなのである。よほど無神経な者でも、よくよく考えてみると薄気味悪くなるのが普通なのではあるまいか。

屋敷の一カ所に強力な霊念波を放つ場所があるという点では、不思議に思った私が家族の人に質問して次のようなことがわかった。

以前、ある祈祷師に頼んだところ、その場所で拝んだうえ、毎月一日と十五日にこの場所へ酒、塩、食物などを供え、線香を立てて供養すれば功徳になり、家庭に安らぎが生まれる——と教えていったというのだ。以後、四年間ずっと忠実に教えられたことを守りつづけているとのことだった。

なるほど私の視《み》るところ、たしかにその地点に霊魂が集まってはいる。ただし、低級な霊ばかりで、これではプラスにはけっしてならない。写真を撮って後で眺めたら、人間の顔らしいものが一つと、爬虫類か、それに似た動物の影が五つ写っていた。

また、庭の植木の繁りすぎは、暗く陰鬱《いんうつ》な感じをもたらし、足を踏み入れただけでもうそ寒さをおぼえる。何本かの樹木には霊魂の寄りかかりが見受けられた。

隣家から強烈な霊気が侵入しつづけていることにも、なるほどとうなずける原因があったのである。というのは、こんな土地に住んでいるせいで隣家も良くないことがつづき、たまりかねて、ある宗教団体に入信した。いまでは熱心な信者で、朝晩、その団体の教えるとおりのお勤めを欠かしたことがない。このせいで、ある種の霊が隣家に群れ集まり、入りきれずにはみ出した霊が仕方なくこちらへ流れ込んでくるものらしい。お隣りの家は群霊の大繁盛で、それがいいか悪いか知れたものではないが、入りきれなかった余計者の霊が、勝手にこちらへ入ってくるのは迷惑千万である。

人形や剥製が「霊幽の棲み家」になってしまう恐怖

さて、家屋の内部の検討に移ろう。例の仏壇が問題だ。

まず、いろいろなお札の陳列である。あちらからも、こちらからも御利益《ごりやく》をいただこうという、この家の人たちの気持ちは痛いほどよくわかるが、数や種類が多ければいいというものではない。あちらこちらのお札を祀ると、霊の乱気流が発生し、勢力争いすら起こるのである。こうして、肝心のご先祖様が座るべき場所を他の霊に奪われてウロウロしている始末である。位牌の安置にあたって順序が逆転しているということは、ただちに現界に反映し、子が親を馬鹿にするなど長幼の序が望めない状態を招くことになる。現に、たずねてみると、この家ではそんな事態になっていたのである。いろんな仏像が納まっているというのも困ったもので、お札がたくさん納まっている以上に言語道断の措置といわねばならない。

仏壇が物置同然となっているのも、ホコリだらけなのも、常識はずれの事態で、その家族のだらしなさを示すだけのこと。論評の必要もない。仏壇が置かれた向きが悪いということは、神棚が三角隅に造られていたこととあわせ、致命的凶事を招く素となるであろう。

後にもっとくわしく述べるつもりだが、人形や仏像をやたらに置くと、それらが、さまざまな霊の棲《す》み家《か》となってしまう恐れがある。「にんぎょう」は漢字では人形と書くが、これは本来は「ひとがた」なのである。ミニ石灯籠など趣味の問題だから個人の勝手だといえばそれまでだが、灯籠の類が示す立ち姿は、ある種の霊が最も好むところで、人や仏像と同様、その棲み家とされてしまう。もっとも、灯籠も横に倒れていれば話は別だが、装飾品のつもりで持ち込んだ灯籠を横に寝かせておく馬鹿もあるまい。

数カ所から仕入れたお札を部屋ごとに張っているのは、心の弱さを示すもので、迷信もいいところ。よくても霊の乱気流を生むだけの話で、まず、好結果を招くことはないと覚悟すべきである。

また、死亡した人物の写真をやたらに飾るべきではない。私はかつて、あの世から一つの霊言を伝えられたことがある。

「生前の自分の姿が、写真や絵として目につくところに飾られていると、どうしてもこの世に未練が生じ、霊界修行の妨げになる」

死者の写真は気をつけて扱うべし。

動物の剥製をトクトクとして飾っているのも、霊的には恐るべきことと心得る必要がある。というのは、その姿や形をした動物霊の住居になってしまうことが多いからである。

この家に関しては、私もサジを投げざるを得なかった。霊的には非常識の積み重ね、それに加え、土地がもともと沼（池）の主だった霊の恨みをかっている。これでは、人間の努力、誠意、忍耐など、まったく通用しない。人間が安易に考える程度の次元をはるかに超えた世界で問題を引き起こしているのだから。ひょっとすると、この土地の人たちは、ほとんどが近いうちに命を失うか、大病にかかるのではないか？　それも意外に強力な霊の意志が働いて……と落ち着かなくなってしまった。

「ここのお家は、きびしい霊たちが棲みつき、その乱れ、渦巻いた霊気があふれています。そのうえ外部からの妨害も多いことでしょうね」と私。

「おっしゃるとおりで、主人は何を考えているのか、会社から帰ってもムッツリ黙り込んだまま。たまに口を開けばすぐ感情的になって、夫婦や親子の話し合いなど、クスリにしたくもありません。親類や知り合いの方をお世話したり、お金の援助をして差しあげても結局は恩が仇《あだ》になって返ってきます。それに、家族に病気の絶え間がありません」と、その家の奥さん。仕方なく私が声をかけた。

「申しわけないが、この屋敷に住む方が良くなるような霊術・霊法を私は知りません。私以外のどんな専門家を呼んできても、おそらく駄目でしょうね」

「どうすればいいんでしょう？」

「住居を移転すること。屋内のいろいろなものを整理すること。とくに怪しげな絵、お札、彫刻その他を処分する。これ以外にないでしょうね」

こんな場所に長居は無用である。私は早々に退散した。

「神棚の祀り方」を誤ると災難が振りかかる

以上に紹介した実話のなかに、神棚と仏壇が出てきた。これは、家庭生活を営むうえでけっして軽視できない問題であるにもかかわらず、意外に正しい祀り方を知らない人が多いのである。問合わせがあまりにも多いので、くわしく述べておこう。

●神棚と仏壇の向かい合わせはよろしくない。
●神棚の正面に炊事場、あるいはトイレなど不浄場があるのもいけない。また、鏡が真向かいにあるのもよろしくない。
●玄関先の神棚、つまり玄関の扉をあけると神棚がまる見えという状態もいけない。
●二階へ上下する階段と神棚が向かい合わせになっていたら、これも大変によくない。
●神棚の下を人間がくぐり抜けて行き来できるような状態も、きわめてよろしくない。
●部屋の片隅に三角形の板を置いた神棚も非常によくない。

以上、神様を祀る方法として六つばかりタブーをあげた。私が過去に集めた資料を基に結論を言えば、これらのタブーを犯した場合たいていは、夫婦げんかの絶え間がない、親子の関係が断絶状態になる、病人の絶え間がない、友人・知人・取引先との争い、もめごとがつづく、何事も計画だおれに終わる、失敗につぐ失敗を重ねる……などの現象が現われるであろう。矛盾と困難に満ちた生活状態が継続することになる。

神棚について、さらに気をつけるべき点を述べよう。

●神棚の方向は、北から南向き、あるいは西から東向きがよろしい。その他の向きはいけない。

●神棚、仏壇は二階よりは一階がいい。現代では生活様式や住宅の構造様式の問題から、一階にはお祀りできず、二階にあげている家が少なくない。しかし、どこのご先祖様、どの神様のお言葉を聞いても二階よりは一階のほうがよい、といわれるのだ。

●神様を祀る場合、是非とも必要なのは伊勢神宮の両大神（天照大神、豊受大神）をお祀りすること。さらに出雲大社の大物主大神（大国主大神）と土地の氏神様。それに自分の霊系に沿った氏の神様。これらの方々を祀らなければ完全とは言いがたい。

絶対に守るべきなのは「その家の霊系」

次に仏壇の話に移ろう。

神棚が「陽」だとするならば、仏壇は「陰」だということになる。したがって、神棚は太陽の光、日光が当たってもかまわないとされているが、仏壇に直射日光が当たるのはよろしくない。できれば暗い感じの部屋がいい。真っ昼間でも電気をつけなければ文字が読めない、といった場所のほうが本当はよろしい、とされている。

だが、そうはいっても現代の私たちの生活様式、住宅事情から考えれば、なかなか条件どおりにはいかない。だから、家のなかで一番日当たりのよろしくない部屋、一番暗い場所で、なおかつ心を落ち着けて拝むことのできる部屋、心静かに念仏なり経文などを読める場所がよい――と霊界から私のもとへ伝えられてきている。

仏壇の向く方角としては、南向き、西向き、東向きならよい、ということになっている。だから、南向き、または東向き以外はいけない神棚よりは向きとしては幅がある。ただし、仏壇も北向きだけは駄目だ、ということになっている。

仏壇と神棚の並列は避けたほうがいいのだが、現代の住宅事情では並列の形で祀ることもやむを得ない。霊界からも、いまの住宅事情では並列を拒絶するわけにはいかないだろう、というお言葉が届いている。けれども、絶対にやってはならないのは、仏壇を神棚と向かい合わせに祀ることである。

仏壇には、中央に自分の宗旨のご本尊を祀る。そして右側に没後五十年以上の先亡のご先祖、左側には亡くなってから五十年までのご先祖の霊を祀る。ご本尊の両サイドには、それぞれの宗旨の脇仏（掛絵図でもいい）を祀る。

傍系の先亡者とか、身寄りの知己の霊を祀る場合は別の仏壇を使うべきである。これが直系の先亡者、傍系の先亡者それぞれに対する礼儀というものである。

ときどき見かけることだが、一軒の家の仏壇に、ご主人の先祖と一緒に奥さんの系統のお父さん、お母さんの位牌が祀られていることがある。これは、よろしくない。こうした場合、そこの家庭の人間関係、経済事情はじめ生活の一切がけっしてうまくいかない、という結果を生んでいる。

仏壇には、かならずその家の直系の先祖・先亡霊のみを祀らねばならない。どうしても必要があって傍系の先亡霊を祀る場合は別の場所で、別の仏壇を使うべきなのである。

仏壇は自分の先祖の安息所であり、そこには常に祖先たちの霊気が往来している。仏壇は、その直系の先祖たちだけのもので、ほかの霊の位牌など持ち込むべきではないのである。祀る者の気持ちで勝手なことをしてはならない。それよりも、祀られる側の気持ちを思いやって奉仕することを忘れてはならないのである。こういうことを知らないで、ただ祀ればいい、という調子でごちゃごちゃにしてしまうと、自ら進んで霊障害を受ける道に入り込んでいくことになる。

個々の家庭には、それぞれの霊系というものがある。その霊系は、祖孫一体の体系をなしており、その霊気は子孫から子孫へと、代々伝えられていくのが順序となっている。

ところが、ある家庭の仏壇のなかに他の霊系の霊を持ち込むと、その仏壇のなかの霊気が乱れるだけでなく、家庭全体の霊気そのものまで完全に乱してしまう。そうなると、何かにつけて不都合が生じ、面白くない現象が次から次へと起こるようになり、へたをすると一家離散などという深刻な事態におちいることになる。

仏壇には、その家の直系の先祖・先亡霊のみを祀ること。これは絶対に守ることが必要なのである。

幸・不幸は「霊の世界からの念波」がつかさどる

ここで、私が信心とか信仰というものについて、常に念頭において注意して眺めている点を、簡単に触れておきたい。

神様を拝み、仏様に手を合わせて先祖を尊び大切にするということは、まことに結構なことである。ただそれが、神仏を拝み、先祖を祀ることで、神様に自分を守ってもらおうとか、仏の救いを得ようとか、あるいは先祖の援助によって人生を平安に送ろうという目的から出たものだとすれば、いわば消極的な信心・信仰であり、しょせんはウヤムヤのうちに終わって、あまり期待したほどの結果を得ることはできないであろう。

神仏の世界から、あるいは格の高低はあっても先祖・先亡霊から、間断なくあなたのもとに念の波が打ち寄せていることをまずしっかりと認識すること。私たちの体には、目覚めているときも眠っているときも、日夜、霊界や幽界から念波が押し寄せている事実を忘れてはならない（今さら改めて言うまでもないとは思うが、重複をあえて覚悟のうえで簡単に注釈を加えると、霊界とは死を自覚し修行を心がけながらも、いまだ執着と怨念を捨てきれない魂の世界。幽界とは、いまだ自分が死んだことさえわかっていない魂の世界）。

あなたの身辺に起こる幸せなこと、また不幸な出来事、喜び悲しみ——それら、もろもろの出来事は、実は、あの世から打ち寄せてくる念の波によって引き起こされるのである。念波に左右されるからこそ、あなたの人生にさまざまな現象が生ずるのである。

目には見えず、耳には聞こえず、手ではさわれぬが、間違いなく存在する霊の世界から送られる念波——それが善い念波なら、まともに受け、感謝してありがたくいただいておく。逆に、それが不浄な念波、あるいは怨みの念の波ならば、まずは甘んじてそれを一応受けておき、しかるのち、これにいかなる方法で対処するか、さらに、どんな工夫によって不浄な念波にからめ取られずにすむか、を考えつづけること。こういう心がまえ、気持ちの姿勢こそが、本当の信心、信仰に通じるのである。こうなると、信心とか信仰は誰のためでもない。結局は自分のためにするのだということになる。

そこに先祖がいるらしいから拝むとか、お祀りだから供養する、などという従来の観念から離れ、結局は自分自身のための信仰・信心なのだということになると、そこには、不思議なことに「念力」というエネルギーが発揮されるのである。この念力が、これまた不思議なことに神仏界とか霊幽界に見事に通じ、向こうからくる不浄な念波をはね返し、不運とか不幸を打ち破れるのだと私は信じて修行につとめてきたのである。

われわれを見舞う不幸な事態、逆境の根は、かならず霊幽界にひそんでいる。この霊幽界に芽ばえた根本原因を裁き、根絶しなければ、現界における私どもの幸運というものは回ってこない。自分を守護し導いてくれる神霊の力に助けられつつも、自己の修行によって不浄の念波を打ち破り、幸せな生活を開いていく。これが真の信心というものであろう。

神棚、仏壇を霊界の作法に従ってきちんと祀り、常に敬神崇祖の精神を忘れない。これがそのための第一歩であり、かつ、それこそ古来からの日本の伝統に忠実に従うものなのである。

「神像・仏像・人形」はあまりにも恐ろしい

ここでもう一度、神像、仏像や人形、それに犬猫などのペットにも言及しなければならないだろう。

仕事がら、私は全国各地に呼ばれて、行く先々で神棚や仏壇を拝見させていただくことが多い。人格円満で、かつ、信心深い人柄の人物のお宅では、神棚にダイコクさん（大黒、大黒天）、ベンテンさん（弁天、弁財天）、エビスさん（恵比須、恵比寿）などの彫像や画像を据え、朝に夕に拝んでおられることが多いのである。

しかし、私が霊感透視してみると、それらの像には全部が全部、ろくでもない邪霊、荒唐無稽な姿をした「まがまがしい霊」が入り込んでいる。そんなものをありがたがって拝んだところで、いい結果が出るわけがない。それらの像は取り払うべきなのだが、一つひとつの性格によって処理の仕方が違うので一概には言えない。だが、いつまでも置いておくのもまずい。しかるべき人と相談し、しかるべき方法をとることが必要なのである。

飾り物として置いておくぶんにはかまわないのか、という質問を受けることもあるが、私の経験では、単なる飾りで信仰の対象として扱わなくても、家の中に置いておくのはよろしくない。

動物や人間の彫像、動物や人間の絵、また、それらを掛軸とか置物にしている人が多いが、これはまったくよくない。たとえば、人間の肖像画や彫像——これには自分が人間になり変わりたいと思っている動物霊が好んで中へ入り込みたがるのである。たとえ観音様の像だろうと絵だろうと、一切よくない、と私は信じている。それが、たとえ良寛の作だろうと、やんごとなき方の手によるものだろうと、霊的に見てけっしてよろしくない。くどいようだが、そういうものに惑わされてはいけない。近寄らないことが最良の策である。

ついでに述べれば、人形のコレクションが趣味だとかで、それこそびっくりするほどさまざまな人形をずらりと集めていたり、コケシをたくさん並べているお宅が少なくない。それらの人形の一つひとつに、恵まれぬ霊がかならず入り込んでいると考えられるし、それらの寂しい霊たちが日夜その家の霊気を左右していると見て、間違いないであろう。

私に言わせると、人形を家の中に置いておくことも霊的にはよくない。だから、できる限り霊的ゴタゴタに巻きこまれたくない、と願う人たちは、たかが人形などと考えず、慎重に扱い、粗略にあしらわぬことである。

「神社・仏閣のお札」はどう扱えばよいのか

町内会から割当てのような形でお伊勢さん（伊勢神宮）のお札が回ってくるし、同時に壬生寺のお札もくる。あちこちの神社やお寺のお札が何種類も持ち込まれて拒否できない。どうすればよいだろう、という相談があった。京都在住の方である。

町内会から回ってくれば、近所づき合いもあるし、たしかに断れるものではない。そうかといって粗末にも扱えないし、ゴチャゴチャと神棚に集めておくと、ろくでもない霊に入り込まれてしまう。ほとほと困った、というわけである。

テレビのクイズ番組で、読売ジャイアンツの選手たちが、ファンから贈られて一番困るものは何だと思うか、という問題があった。

正解は、神社仏閣のお守り札なのである。たくさん贈られて持てあましてしまうのだが、そうかといって粗末に扱って捨てたりすると何となく恐ろしい。比較的単純な頭脳を持った野球選手たちは悩むらしいのである。

巨人軍の選手たちはどうでもいいが、京都の信者のほうは、正直なところ途方に暮れた感じであった。

「いったんは、百円でも二百円でも町内会の世話役が言われるお金を出してお札を受け取り、そのあと、自分の氏神様にお詣りし、何百円かのお賽銭と一緒に賽銭箱に入れ、よく事情をご説明して氏神様に処理をお願いしてくれればどうでしょうか」

私は、そう答える以外に、方法はないと思ったのである。そんなお札を自宅の神棚に祀り込んだら、動物霊など低級な霊魂がかならず入り込んで、いいことは一つもない。天照皇大神宮様のお札だと思って朝夕拝んだとしても、実は天照大神様などはお見えにならず、狸か狐か、それに類する低級霊に頭をさげているのがせいぜいの実態なのだから、こんな馬鹿なことはない。

営業妨害になるかどうかは微妙だが、町内会などを通して大量に出回っている神社のお札は、ほとんどが印刷所から刷り上がったものが、そのまま送られてきたものだ。十分に祈祷され、ちゃんと神様のご意志の鎮《しず》まったものではないものが多い。

私は、各地の神社に参拝して、神主さんたちとも交際がある。たとえばK権現さまなどで眺めていてびっくりしたことがある。社務所で参拝客にどんどん売っているお札を見て驚いたのは、印刷しただけで祈祷も何もしてないしろものが、堂々と売られているのだ。

どのお札を見ても、黒っぽい灰色の霊しか納まっていない。ピカピカ光る金色か銀色、あるいは紫の色を帯びたお札は一枚もない。本当に神主さんたちが修法のうえ、ご祈祷したお札はごく少数で、それは別のところにしまいこまれているのである。神主さんたちにしてみても観光シーズンに押し寄せる参拝客のために、いちいちご祈祷したお札を出していたら体がもたないので、まあ悪く言えば手抜きをするわけである。

これは、たいていの有名神社がどこでもやっていることで、私などが、「このお札はご祈祷をやっていただいてないものですね」と指摘すると、すっと奥の部屋から別のものを出して取り換えてくれる。

ある場所で、こういう内幕話をしたところ、祈祷ずみのお札と、そうではないお札と、どこで見分けられるのか、という質問が出されたことがある。別にシルシが付いているわけでなし、霊感による色や感覚で識別するのだから、普通の方には何とも説明のしようがないことなのである。

稲荷神は「犬」を嫌い、「猫」は死後が怖い

人形はともかく、犬や猫などの、いわゆるペットはどうなんだ、という質問も、しばしば熱心な方から受ける。私は、これにも常にノーと答える。とにかく、一切の霊的な面倒は避けたいのが私の本音なのである。

こういう抽象的な言い方だけでは何がなんだかわからないだろうし、乱暴きわまる意見のように思われるだろうから、もう少し具体的に記しておこう。

読者の皆さんのなかに、伏見稲荷様を信仰している方が少なくないはずである。日夜、一所懸命に信心されている方のお宅には、伏見の神様も目を光らせて家庭や家族の人々によかれとはからっておられる。これは、まず間違いのない事実である。ところが、実のところ、犬を飼っているお宅では、いくら熱心に伏見稲荷様を信心しても効き目は薄いのである。稲荷系の神様は総じて犬がお嫌いなのだ。

もう三十年近く昔に亡くなった私の師匠は、因縁さばきや霊的感応の力では、おそらく日本一の力量を持った人物だったが、この師匠と一緒に関西、四国、九州を旅して歩いたことがある。その際、四国のことだったか、ある一軒の家へ二人で向かう途中、師匠が、ふっと私に言った。

「おい、今から行く家は犬を飼っているぞ」

その家が見えないうちから、なぜそんなことがわかるのか、と不思議に思った私が尋ねると、師匠は笑いながら言ったものである。

「あの人間を頼みますよ、と言ってお稲荷さんが一緒について来ておられたんだが、その家の近くになったからだろう、急にそのお稲荷さんがいなくなってしまった。嫌いな犬がいるので、ぎりぎりの近所まで案内してくださって、帰ってしまわれたのだろう」

果たせるかな、めざした家には、雑種だが、かなりたくましい犬が飼われていたのであった。稲荷の神様は、犬が嫌いである。

あなたも、近所に稲荷神社があれば、よく観察されるといい。境内《けいだい》、神域に猫、狸、狐のたぐいは棲《す》んでいたり、遊びにきたりしても、犬はおそらくいないだろう。たまたま、間違って迷い込んだ犬がいたとしても、境内に足を入れるか入れないかで、そそくさと退散することが多い。お稲荷さんは、それほど犬がお嫌いなのだが、総じて神様は好き嫌いが激しいのである。

犬の話が出たから、猫についても述べておこう。

昔から化け猫の話というものがある。鍋島の化け猫などその代表例であろう。化け犬の話というのはあまり聞いたことがない。化け猫を引っくり返して〝猫化け〟という言葉もある。猫は化けるというが、これは嘘ではない。

猫は生きている間、飼い主の人間に対して犬ほど甘え媚《こ》びることがない。飼われながらも飼い主には冷たい姿勢を失わない。しかし、その猫たるや、死んでからその家族の人たちに甘え、もたれかかる性質が多分にあるのだ。もし、家族の誰かに死んだ猫の霊が憑いた場合、憑かれた人物は、おそらく猫程度の生活しかできなくなるだろうし、寂しく背をまるめて死んでいく人が多い。

人それぞれ、いろいろな趣味や好みがあるだろうが、私は犬や猫など飼う気にもならなければ、気楽に扱うつもりも起こらないのである。

「寄せ墓」がもたらしたN家の悲劇

仏壇には直系の霊だけを祀るべきだ——ということと原理的には同じだが、墓もまた気をつけて扱わないと、思わぬ危険を招くものなのである。

いわゆる「寄せ墓」と呼ばれるもの。これはとくにさまざまな霊障害を招き寄せる性質を持っているので、よくよく気をくばらなければいけない。あの場所にお墓が用意してあるのだから、死んだらあの墓に入れてもらえばいい、と便利さを第一に考えて手軽に処理しがちだが、これがのちのちの大怪我を生む。

寄せ墓とは、親類縁者の先亡者を、霊系も何も考えればこそ、いっしょくたに納骨してしまった墓をいうのである。お骨になってしまえば同じだ、親類の仲じゃないか、というわけで、つい寄せ墓の形をとりがちだが、これは断じてやめるべきである。私の手持ちの資料のどれを見ても、寄せ墓をやってしまった家庭で、うまくいった例は一つもない。生活の状況も、はっきり言って落ちこむ一方になる。

いささか旧聞になるがこんな話がある。昭和十六年に新しく墓を造ったNさんという人がいた。祖父母のお骨と、Nさん夫婦の子で、幼いうちに死んでしまった二人の男児・女児を納骨した。それから二年後、Nさんの叔父にあたる男が死亡したので、納骨した。その翌年、Nさんの妹の子で、三歳になる女児が死亡したので、これも納骨した。

ところで、この昭和十九年はというと、いわゆる大東亜戦争（第二次世界大戦）が末期に入り、日本の敗色が歴然としはじめたころなのである。Nさんは、それ以前の昭和十八年ごろ、つまり墓を建ててから二年余りを経たころ召集令状を受け、三十六歳の「老年兵」として南方戦線へ突き出されていたのである。

ここまでは戦時下にありがちなこと。別に珍しいことではないが、悲劇はこれから本格的に幕を開けるのである。

ご主人のNさんを戦争のために引きはなされてしまったNさんの若妻は、やがて昭和十八年も押し詰まったころ、Nさんの妹の婿にあたるT氏と肉体関係ができてしまう。これは、戦時下の日本において、よくあった事実で、何しろ結婚して間もないうちに亭主を戦場へ連れていかれてしまうのだから、若い妻にとってはたまったものではない。当時、よくありがちだった不倫の関係が、ここN家でも成立してしまったのである。

不幸は、まだまだつづくのである。

第二次大戦の終結は昭和二十年八月なのだが、それに先だつ数カ月前の同年春、Nさんは傷病兵として帰国する。南方戦線では有名な病気であるマラリアと、左腕の盲貫銃創だったのである。多数の日本兵が南方で戦病死したのにくらべれば、Nさんの場合はまだしも幸福だったのではないかと思われるのだが、それがどうして、なかなかそうはいかないのである。

敗戦の翌年、つまり昭和二十一年の梅雨のころ、Nさん夫婦の間に男子が出生した。おめでたいことではあるが、果たして本当におめでたい事態なのかどうか。生まれた男児の本当の父親は誰なのか。

Nさんの子供であるのか、Nさんの妹婿であるT氏の子供であるのか。当事者のNさんとその妻、さらにT氏はもちろん、親類一同がヒソヒソ話をくり返し、ため息ばかりをついているうちに、肝心の子供を出産したNさんの妻が当時の流行病にかかって急死してしまうのである。三十四歳の女ざかりであった。昭和二十一年夏も終わりのころである。

彼女の死によって、出生した男児の謎は、永遠の疑問を残したままで終止符を打ったわけだが、その後のNさん一族のなりゆきは正視に耐えぬひどさだったのである。

Nさんの長男が引き起こした思想問題、長女が次から次へと物議をかもす愛欲事件。Nさん一家の経済生活もまた、どん底に落ち込む。昭和三十四年ごろにようやくはいあがるまでの十三年間というもの、社会の底辺をうごめく思いの生活だったという。

昭和三十五年ごろから、Nさん一家もやっと明るさを取りもどしたというのだが、これが寄せ墓と、いったいどうつながるのか。

Nさん自身の述懐によると、

「昭和三十五年ごろから経済面では、どうやら世間様と同じように生活できるようになりました」

ということである。それならいいじゃないか、それ以上ぐだぐだ言うことあるか、と気の短い人は文句の一つも言いたいだろうが、それが、これだけでは終わらないから世の中はむずかしいのである。

謎の男児は、Nさん夫婦の間の子であるのか、Nさんの妻とT氏との子であるのか、血液検査をしたわけではないから判然とはしない。それはともかく、Nさんの妻が出産した男児を仮にM男と名付けることにしよう。

このM男が、まともな人間ではないのであった。別に粗暴というのではなく、反対に、穏やかな態度をとりながら、実は詐欺師としての天性を最大限に発揮し駆使する男に成長したのである。他人の女房を寝取っては金銭を巻きあげる、といった行為をくり返し、あげくのはては、行方をくらまさざるを得ないという状態になってしまった。実は、今もって、行方がわからないというのである。

さて、Nさんと妻との間で〝正常〟に生まれた長女は、ひところのセックス狂時代をどうやら乗り切り、現在は某宗教団体に入会して熱狂的な〝信仰生活〟をつづけている。この長女も、そのご主人も、信仰生活ただひと筋なので、生活はどん底、毎日がその宗教団体への奉仕の生活だという。長男は昭和三十五年ごろから生活をたてなおし、今は立派に暮らしているというからホッと救われた気持ちをわずかに抱くのである。

納骨の「基本儀礼」だけは知っておきたい

以上の事実をもとに、年代を追いながら墓を基準に整理してみよう。

①昭和十六年にNさんが建墓。吉相墓とはけっして言えないが、このとき納骨したのは、祖父母と、Nさん夫婦の幼児。

②昭和十八年、Nさんの父親の弟（Nさんにとっては叔父）の納骨。

③昭和十九年、Nさんの妹が出産して間もなく死んだ幼児の納骨。

④昭和二十一年、Nさんの妻が若くして急死、納骨。

寄せ墓としての経緯は以上のとおりで、ごく簡単なものである。

昭和十六年に祖父母と、Nさん夫婦の間で生まれ、亡くなった幼児を納骨したが、これは直系の祖父母と子供であるから別に問題はない。

ところが、②になると、話はまったく別になってくる。ここでは、Nさんの父の弟、つまりNさんの叔父を納骨している。これは直系ではなく傍系なのである。直系とは、Nを基準にしていうと、父と母、祖父と祖母、曽祖父と曽祖母、あるいは自分の子、自分の孫を指すのである。父親の弟を納骨したのは明らかに誤っており、凶事の到来を暗示する事態なのである。さらに、③のように妹が産んだ児を納骨したのは、②の凶変に上積みする凶の〝二乗〟と言うべきであろう。

ともあれ、Nさんの奥さんは、三十四歳の若さで突然の死を迎えるわけだが、この間にT氏と肉体関係を結び、その結果、T氏の子を出産している。そういう事態を知ってか知らずか、その間に、長男、長女がいずれも不良化の道へ走り、同時にNさんの家族は約十二年間にわたる貧困時代を経過するのである。貧困状態が底をうち、子供たちの非行がぴたりと収まった——のは昭和三十三年から三十五年にかけてのことだった。

あとから考えてみると、昭和三十三年は、ほぼ一年の歳月をかけてNさん家の寄せ墓を整理し、それぞれ霊系に沿った独立の墓を造っていたのである。それ以後、二年余りの時の経過を必要とはしたが、さまざまな問題はほぼ解決したといえそうである。寄せ墓の悲劇は、ここに終わったということであろう。

ただ、どうにも終わらせようがない〝後遺症〟は残っている。その筆頭は、Nさんの奥さんとT氏との間にできた子供である。この子が、どんな障害をたどることになるのか、私にもわからないのである。本人自身、自分の出生の秘密を、おそらく知らないであろう。もう一つは、長女である。毎月、十日間ないし十五日間は信心する宗教団体のため無料奉仕で走りまわり、このためご亭主との家庭生活は、経済面も含めてめちゃくちゃなのである。夫婦としての体面も、いつまでつづくことやら、私にもわからない。

この二つの件は、別の因縁も強力に作用しているのでやむを得ないが、初動の引き金となったのは「寄せ墓」であることは、まず間違いのないところであろう。

おわりに

一時はなりを潜めていた感があるが、最近テレビをはじめとするマスコミで、霊に関する諸問題がまたぞろ取りあげられるようになっているそうだ。だがその内容はと聞くと、いたずらに好奇心を煽り立てるばかりで、本物の言辞など皆無だという。

世の中には自称、超能力者と名のる輩がいるが、さて何を知り、何ができるかというとはなはだ疑問をいだかせる人物が多いものだ。

私が心霊の世界に身を投じて三十余年が過ぎた。その間、現われては消える、まるで流行の一端のような説明に翻弄《ほんろう》されるばかりで、霊幽界の根本原理、霊たちの世界の仕組みを一般の方がたが理解できる書物は上梓されていないように思う。

私自身もおりあるごとに、なにか良い参考書はと聞かれるのだが、そのたびに答に窮《きゆう》したものだ。そこで本書を、私はそれらの問いへの答としたい。本書の底本は昭和五十六年に刊行した『日本霊学入門』である。今回加筆、再構成するに際し、あらためて全篇に目を通しなおしたが、二十年の歳月が経ってもなお、当時と霊幽界はまったく変わりを見せていない。それればかりか、霊たちの影響はさらに私たち現界人を苦しめている。

本文でも詳述したとおり、私たちの生涯は霊たちの支配、あやつりの下にある。だからこそ、彼らの世界を知らないことには、私たちも憂《うれ》いなく毎日を送れないのは道理であろう。本書がみなさまの霊幽界理解の糧《かて》となることを望んでやまない。

平成十四年五月　京都にて

皆本幹雄《みなもとみきお》

◉著者について

皆本幹雄（みなもと　みきお）

1930年、広島県生まれ。幼いころより、霊視・霊聴などの特殊な素質に恵まれていたが、自らの能力を深く自覚しないまま青壮年期までを過ごす。教職に就いていた1968年、深く悟るところがあって心霊学の研究に没頭、霊感師としての活動を開始する。古都・京都を拠点に多くの企業家や一般の相談者の運命の吉凶、事業運、財運、異性運などに的確な答を導き、運命改善に大きな貢献をする。2005年1月に逝去後も氏の教えは「皆本霊学」として多くの実践者の指針となっている。

怖《こわ》いけれど大事《だいじ》な話《はなし》！

あなたにも
霊《れい》は憑《つ》いている

◉著者
皆本幹雄《みなもとみきお》

◉発行日
初版第1刷　2016年7月20日

◉発行者
田中亮介

◉発行所
株式会社 成甲書房

郵便番号101-0051
東京都千代田区神田神保町1-42
振替00160-9-85784
電話03(3295)1687
E-MAIL　mail@seikoshobo.co.jp
URL　http://www.seikoshobo.co.jp

◉印刷・製本
株式会社シナノ

Printed in Japan, 2016
ISBN978-4-88086-342-9

本体価はカバーに表示してあります。
乱丁・落丁がございましたら、
お手数ですが小社までお送りください。
送料小社負担にてお取り替えいたします。